ÉDUCATION FAMILIÈRE

SÉRIES DE LECTURES POUR LES ENFANS

DEPUIS LE PREMIER AGE JUSQU'A L'ADOLESCENCE,

Tirées de divers ouvrages

DE MISS EDGEWORTH.

Traduit de l'anglais avec des changemens et des additions considérables

PAR Mme LOUISE SW.-BELLOC.

12 vol. in-18 avec vignettes, se vendant par séries de 2 vol.

Chaque série brochée : 3 fr. — Elégamment reliée en toile anglaise: 3 fr. 50.

C'est surtout aux femmes que semble réservé le privilége de diriger cette première éducation morale qui naît des circonstances, et qui exerce une si grande influence sur notre avenir. Inséparable de son enfant, une mère lit dans ses yeux ses premières impressions de tristesse ou de joie; elle sait ce qu'il a senti, ce qu'il va dire; elle recommence à exister en lui; elle connaît toutes les nuances dont se compose déjà le caractère de ces petits êtres à qui l'on n'a encore rien enseigné, et qui d'eux-mêmes ont appris tant de choses; auxquels chaque heure apporte une nouvelle découverte et un nouveau plaisir; dont l'observation toujours éveillée se fixe sur une foule d'objets et en conserve un souvenir distinct; qui prennent enfin possession de la vie comme d'un lieu enchanté où ils découvrent une merveille à chaque pas. Cette curiosité, cette vivacité d'intelligence, cette soif d'apprendre, habilement ménagées, deviendront une source intarissable de jouissances pures.

Pour aider ces heureuses dispositions naturelles, miss Edgeworth a écrit l'*Education familière, séries de lectures pour les enfans*, depuis le premier âge jusqu'à l'adolescence. Madame Belloc a su faire passer dans notre langue cet inimitable ouvrage, en lui conservant toute sa simplicité, et en y ajoutant ce qui pouvait lui manquer pour le mettre en rapport avec les usages et les habitudes de notre pays.

Jules RENOUARD et Cie, rue de Tournon, 6.

III. — NOTIONS INDUSTRIELLES.

LES

JEUNES INDUSTRIELS

Par Mesdames

EDGEWORTH, L. SW.-BELLOC, A. MONTGOLFIER.

8 vol. in-18 divisés en 4 séries de 2 vol.

Les 8 vol. brochés : 12 fr. — Élégamment reliés en toile anglaise : 14 fr.

Cet ouvrage est la suite et le complément de L'ÉDUCATION FAMILIÈRE.

Encouragée par le succès, Mme Belloc vient de traduire avec un rare bonheur les *Jeunes Industriels* de miss Edgeworth, en appropriant cet utile et charmant ouvrage aux mœurs françaises, en y introduisant toutes les additions exigées par la marche rapide des sciences et de l'Industrie.

L'éducation consiste, ainsi que le disait Locke, non à enseigner à fond toutes les sciences ou une science quelconque, mais bien à donner à l'esprit une disposition et des habitudes qui permettent d'atteindre à n'importe quelle partie des sciences dont on peut avoir besoin dans le cours de la vie. C'est l'application de ce principe qui prête tant de charme aux ouvrages que miss Edgeworth a écrits pour les enfans, et notamment aux *Jeunes Industriels*.

Dans ce livre, qui apprend aux enfans à *penser* et à *découvrir*, au lieu de bercer leur imagination par des fictions frivoles, on sent que l'auteur est encore plus leur compagne que leur institutrice; toujours sur la même ligne, elle ne les presse ni ne les devance, elle marche auprès d'eux et ne les mène pas. S'ils chancèlent, son bras est là pour leur servir d'appui; amie prudente, infatigable, elle sait déguiser des soins qui jamais n'importunent. Trop droite et trop sensée pour ne pas redouter les systèmes et les erreurs, elle remonte sans cesse aux sources de toute vérité, à *l'expérience* et à *l'observation*; elle y conduit ses jeunes amis par des degrés insensibles; et par une méthode analogue à celle de Descartes et à celle de l'ingénieux auteur de la *Science populaire de Claudius*, elle leur ménage la surprise et la joie d'être arrivés seuls.

Jules RENOUARD et Cie, rue de Tournon 6.

VI. — CARTES MURALES.

Grandes cartes murales

DE 4 MÈTRES CARRÉS.

DRESSÉES PAR M. GUÉRIN.

		Sur papier	sur toile.
France, d'après la Géographie d'A. Balbi.		12 fr.	20 fr.
Europe,	d°	12 fr.	22 fr.
Monde connu des anciens,		12 fr.	20 fr.

Ces Cartes, remarquables par leur grande clarté, leur belle exécution, coloriées avec le plus grand soin, sont de première utilité dans les institutions et les colléges pour l'étude de la géographie et l'intelligence de l'histoire. Le regard des élèves se portant constamment sur ces cartes, même pendant leurs momens d'inattention, les oblige à retenir, pour ainsi dire malgré eux, la configuration et la position des pays, les noms et la situation des villes, le cours des fleuves, les chaînes de montagnes, en un mot la géographie physique souvent trop négligée.

Les exemplaires imprimés sur **FORT PAPIER DE TEN-TURE COLLÉ** sont destinés à garnir les *murs des classes.*

Les exemplaires imprimés **SUR TOILE** sont d'une très grande durée et conviennent pour les cabinets d'étude, pour les éducations particulières et pour la campagne.

BUFFON.

MORCEAUX CHOISIS, ou Recueil de ce que ses écrits offrent de plus parfait sous le rapport du style et de l'éloquence; 1 vol. in-18, cartonné avec 55 gravures.   1 fr. 50

Ouvrage adopté pour l'Enseignement dans les Colléges.

DESCARTES.

MÉDITATIONS MÉTAPHYSIQUES, 1 vol. in-12.   **3 fr.**

MÉTHODE pour bien conduire sa raison et chercher la vérité dans les sciences. Nouv. édit. 1 vol. in-18 avec portrait. 1 fr. 25

DROZ (J.),

De l'Académie Française et de l'Académie des Sciences morales et politiques.

ÉCONOMIE POLITIQUE ou Principes de la science des richesses. *Nouvelle édition* (1846), revue et augmentée, 1 vol. in-8°. 7 f. 50. — *Le même* in-12.   3 50

ESSAI SUR L'ART D'ÊTRE HEUREUX, *Sixième édition.* 1 vol. in-18.   **3 fr.**

DE LA PHILOSOPHIE MORALE, ou des différens Systèmes sur la science de la vie; *cinquième édition* (1843). 1 vol. in-8.   **3 fr.**

OEUVRES MORALES — comprenant : L'ART D'ÊTRE HEUREUX, LA PHILOSOPHIE MORALE ET LES PENSÉES SUR LE CHRISTIANISME — en un vol. in-18 relié   **6 fr.**

FRANKLIN (Benjamin).

MÉMOIRES, traduc. nouvelle, 2 vol. in-18, 2 portraits, 6 fr.

GERANDO (Baron de).

DU PERFECTIONNEMENT MORAL ou de l'Éducation de soi-même, 2 vol. in-18.   **8 fr**

LE VISITEUR DU PAUVRE, *Quatrième édition*, considérablement augmentée, 1 fort vol. in-18.   **4 fr.**

MASSILLON.

MORCEAUX CHOISIS, ou recueil de ce que ses écrits ont de plus parfait sous le rapport du style et de l'éloquence. 1 vol. in-18.   1 fr. 50

Ouvrage adopté pour l'Enseignement dans les Colléges.

Le même, in-12, vélin.   **3 fr.**

Jules RENOUARD et Cie, rue de Tournon, 6.

TABLEAUX D'HISTOIRE ANCIENNE,

Par MM. LE CLERC aîné et LE CLERC jeune,

Élèves de l'abbé Gaultier.

Atlas de 8 tableaux coloriés, in-folio. — Prix : 7 50.

Deux des élèves les plus distingués de l'abbé Gaultier, MM. Le Clerc, viennent de compléter sa méthode qui rend de si grands services à l'éducation élémentaire, par la publication d'un ATLAS D'HISTOIRE UNIVERSELLE. Il est reconnu qu'on ne peut guider les élèves dans l'étude des faits, ni sur faire classer les événemens qu'au moyen de tableaux chronologiques et synchroniques. Quelques ouvrages recommandables ont été conçus dans ce but; mais il était utile de composer un atlas dégagé des nomenclatures généalogiques, qui offrît aux élèves plus de détails historiques, et ne leur présentât que les divisions générales et les faits principaux de l'*Histoire universelle*, afin qu'ils en saisissent plus facilement l'ensemble.

NOTA. Cet Atlas, qui s'applique à toutes les méthodes, est spécialement destiné au *Cours d'Histoire de l'abbé Gaultier*. Afin de rendre l'usage de l'Atlas plus général on en a réduit le prix à 5 francs pour les personnes qui achètent en même temps chez les éditeurs les 5 volumes du Cours d'Histoire (*Voir* le Catalogue des ouvrages de Gaultier).

COURS NORMAL DES INSTITUTEURS PRIMAIRES, ou directions relatives à l'éducation physique, morale et intellectuelle dans les écoles primaires, par le baron DE GÉRANDO. 3e édition. 1 vol. in-12. Prix. 2 fr. 50
Ce ouvrage est adopté par le conseil royal de l'Instruction publique.

Ouvrages faisant suite au Cours d'études de l'abbé Gaultier.

Élémens de Musique propres à faciliter aux enfans la connaissance des notes, des mesures et des tons, au moyen de la méthode de l'abbé Gaultier. 1 vol. in-18, cartonné. 1 25

Cahier de 15 tabl. de musique. 2
— de 36 planches. 3 75

Méthode pour apprendre à calculer facilement; d'après Lancastre, 2e édition, in-12 broché. 80 c.

Leçons d'arithmétique d'après la méthode analytique de l'abbé Gaultier par *Ducros (de Sixt)*, l'un de ses élèves; 4e édition. 1 v. in-18 cart. 3 50

Leçons de géographie ancienne, par *Ducros (de Sixt)*; 3e édition. 1 vol. in-18, cart. 3 50

Atlas de géographie ancienne, 10 cartes in-folio. 10 fr.
— Sans les 5 cartes muettes 6 fr.

Leçons de mythologie, par A. Deville et Le Clerc jeune, élèves de l'abbé Gaultier. 2e *édition*, in-18 avec 78 grav.; cartonné. 2 fr.

Exposé analytique des méthodes de l'abbé Gaultier, par L. de Jussieu. 1 vol. in-8 broché. 3 fr.

Guide des parens et des maîtres qui enseignent d'après les méthodes de l'abbé Gaultier, par L. de Jussieu. 1 v. in-12 avec des tabl., br. 2 50

Histoire de France, par M. Colart, élève de l'abbé Gaultier, 2e *édition*, obl. fig. 22 fr. 50; demi-rel. 25 fr.

Jeu d'étiquettes d'histoire ancienne et *Jeu d'étiquettes d'histoire sainte* pour servir au cours d'Histoire par *Le Clerc aîné* et *Le Clerc jeune*, in-4 oblong. Chaque Jeu en cahier. 2 fr. Cartonné en étui. 5 fr.

Jules RENOUARD et Cie, rue de Tournon, 6.

Lecture, Écriture, Calcul, Géométrie.

fr. c.

Boîte typographique pour apprendre à lire aux enfans. 5
Syllabaire et premières Lectures ; 1 vol. in-18, cartonné. 1
Syllabaire illustré, 40 c. — Colorié. 80
Lectures graduées pour les enfans du premier âge; nouvelle édition revue et illustrée de plus de 200 gravures sur bois. 2 vol. in-18, cartonnés 3
Lectures graduées pour les enfans du second âge; 3 vol. in-18, cartonnés. 4 50
Principes d'écriture cursive en 38 modèles, brochés en 5 cahiers 2 20
— Les mêmes collés sur carton en étui. 5
    Chacun de ces cahiers peut être pris séparément.
Elémens d'arithmétique rendu sensible aux yeux par des jetons coloriés; 1 vol. in-12 cartonné. 1 25
Versions de Géométrie pratique; nouvelle édition, avec 176 figures; in-18 broché

Langue française.

Leçons de Grammaire en action, pour le premier et le second âge; 3 vol. in-18, cart. 4 50
Leçons de grammaire et d'orthographe ; 1 vol. in-18, cart. 1 50
Exercices de grammaire, pour servir aux Leçons de grammaire; in-18, cartonné. 1 50
Elémens de grammaire extraits des Leçons de grammaire; in-18, cart. 90
Atlas de grammaire, ou Tables propres à exciter et à soutenir l'attention des enfans dans l'étude de cette science, in-folio, broché. 4
Tableau généalogique des rapports de la grammaire. 1
— Sur carton. 1 25
Etiquettes du jeu de grammaire, collées et renfermées dans un étui. 1 50
Cahier de 10 feuilles in-folio préparées pour l'analyse grammaticale. 1 25

Géographie.

Leçons de géographie et de sphère, 16e édition; 1 gros volume in-18, avec une planche, cart. 2 50
Elémens de géographie, extraits des Leçons de géographie; 1 vol. in-18, cartonné. 75
Atlas de géographie, contenant 9 cartes gravées sur acier et coloriées; in-fol. cart. 7 50

N. 1. *Mappemonde.*	N. 6. *Europe cent. emblém.*	
— 2. *Idem emblématique.*	— 7. *Asie.*	
— 3. *Europe.*	— 8. *Amérique*	
— 4. *Idem emblématique.*	— 9. {	1. *Afrique.*
— 5. *Europe centrale.*		2. *Océanie.*

Chacune des 9 cartes peut être achetée séparement : — En feuille, 1 f. — Sur carton 1 f. 25.
Etiquettes du jeu de Géographie, 1 feuille 75
— Les mêmes, collées sur carton et renfermées dans un étui. 2

Voir la suite à la fin du volume.

(*Suite du cours*). Chronologie et Histoire.

Histoire Sainte et Ecclésiastique ; 1 v. in-18, cart. 1 50
Histoire Ancienne ; 1 vol. in-18, cart. 1 50
Histoire Romaine: 1 vol. in-18, cart. 1 50
Histoire Moderne; 1 vol. in 18 cart. 1 50
Histoire de France; *(édition 1844)* 1 vol. in-18, cart. 1 80
Médaillons des Rois de France, en un étui. 2 50

Art de penser et d'écrire.

Méthode pour analyser la Pensée et pour faire des
   abrégés; 1 vol in 18, cart. 1 50
Exercices sur la Construction logique des phrases
   et des périodes françaises; 1 vol. in-18, cart. 1 50
Construction et Analyse graduées des phrases et
   des périodes françaises , en tableaux; in-fol. 2
*Méthode pour exercer les jeunes gens sur la Compo-
   sition française; 2 vol. in 12 brochés. 3
Cahier de 10 feuilles in-folio preparées pour *l'analyse
   de la pensée.* 1 25

Langue latine.

Méthode pour entendre la langue latine sans con-
   naître les règles de la composit., 1 v. in-18, cart. 1 50
Phrases latines graduées; in-18, cart. 1 25
Périodes latines graduées; in-18 , cart. 1 50
Construction et analyse graduées des phrases et des
   périodes latines, en tableaux ; in fol. cart. 4
Application de cette méthode au premier livre des
   Odes d'Horace; in-fol. broché. 2

Langue Italienne, Versification, etc.

Méthode pour entendre et parler la langue ita-
   lienne ; 1 vol. in-12, broché. 1 50
Traité de la mesure des vers français ; 1 v. in-12, br. 1 50
Jeu des fables, sujets choisis de La Fontaine; 1 vol.
   in-18, cart. 1 25
Traits caractéristiques d'une mauvaise éducation,
   ou Principes de la Politesse; 1 v. in-18, cart. 1 25
Sac contenant cent jetons de couleur, pour les différens exercices du cours. 1 80
Ardoise réglée, porte-crayon et crayons pour servir aux leçons d'écriture, de calcul, etc. 1 25
A rational and moral game, or a method to accus-
   tom young people to reflect on the most essen-
   tial truths of morality, etc., etc., translated from
   the French; *Londres,* in-8, avec un tableau gravé. 4

Petit Cours de l'abbé Gaultier. 3 vol.

Syllabaire illustré, 40 cent. —Colorié. 80
Syllabaire et premières lectures, 1 vol. in-18, cart. 1
Élémens de grammaire française, extraits des Leçons
   de Grammaire. 1 vol. in-18, cart. 90
*Élémens de géographie, extraits des Leçons de Géo-
   graphie.* 1 vol. in-18, cart. 75
Petit Atlas de Géographie, pour servir a l'étude des
   élémens de Géographie; 8 cartes gravées et coloriées avec grand soin. 1 vol. grand in-8. cart. 2

LEÇONS

DE CHRONOLOGIE

ET D'HISTOIRE.

HISTOIRE ROMAINE.

Cours d'Études élémentaires

DE L'ABBÉ GAULTIER,

REVU ET AUGMENTÉ PAR SES ÉLÈVES.

SECTION D'HISTOIRE.

Ier vol. — HISTOIRE SAINTE, depuis la création du monde jusqu'à J.-C.; et HISTOIRE ECCLÉSIASTIQUE jusqu'à la conversion de Clovis, en 496.

IIe vol. — HISTOIRE ANCIENNE, depuis les temps les plus reculés, jusqu'à la domination romaine.

IIIe vol. — HISTOIRE ROMAINE, depuis la fondation de Rome jusqu'au partage de l'empire romain.

IVe vol. — HISTOIRE DU MOYEN AGE ET DES TEMPS MODERNES depuis la mort de Théodose le Grand jusqu'à nos jours.

Ve vol. — HISTOIRE DE FRANCE, jusqu'au règne de S. M. Louis-Philippe.

Chacun de ces 5 volumes in-18, cartonné. . . . 1 fr. 50 c.

MÉDAILLONS DES ROIS DE FRANCE, en un étui. . 2 fr. 50 c.

IMPRIMERIE DE W. REMQUET ET Cie,
rue Garancière, n. 5.

LEÇONS
DE CHRONOLOGIE
ET D'HISTOIRE,

DE L'ABBÉ GAULTIER,

entièrement refondues et considérablement augmentées,

PAR DE BLIGNIÈRES, DEMOYENCOURT, DUCROS (DE SIXT) ET LE CLERC AINÉ, SES ÉLÈVES.

TOME III.

HISTOIRE ROMAINE.

A PARIS,

JULES RENOUARD ET Cⁱᵉ, LIBRAIRES,

Éditeurs-Propriétaires des ouvrages de l'abbé Gaultier.

RUE DE TOURNON, N. 5.

1854

AVANT-PROPOS.

Dire que dans ce volume nous avons suivi les er-
remens de l'abbé Gaultier nous paraît presque su-
perflu; élèves, nous avons pour mission de propa-
ger la méthode du maître, et pour devoir de conserver, dans des travaux qui sont la continuation
des siens, tout ce qui fait le caractère distinctif de
son enseignement.

L'abrégé d'histoire ancienne qu'a laissé l'abbé
Gaultier n'avait que 160 pages ; il s'est transformé
en deux tomes de plus de 300 pages chacun. Le
premier, consacré à l'histoire ancienne proprement
dite, le deuxième à l'histoire romaine en particulier. Nous avons profité d'un plus grand espace
pour traiter avec plus de développement un sujet
si fécond, mais sans oublier toutefois que pour
être utiles aux enfans nous devions toujours
nous mettre à leur portée, que notre unique objet
était de graver dans leur mémoire les principaux
faits de l'histoire, et que notre travail devait se
renfermer dans les bornes d'un ouvrage élémentaire et d'une étude facile. Il nous semble qu'il en
est d'un livre d'histoire comme d'une carte géographique qui, suivant son échelle, admet plus ou
moins de détails. Si l'échelle est petite, la carte

pour n'être pas confuse, doit n'offrir que les contours, les grandes divisions et les points les plus importans.

Malgré les bornes étroites dans lesquelles nous devions nous resserrer, nous n'avons pas rejeté les détails qui pouvaient tempérer utilement la sécheresse presque inévitable d'un abrégé; nous nous sommes efforcés de bien faire connaître les grands événemens, d'en pénétrer les causes, d'en indiquer les résultats, de faire apprécier les hommes qui, à des titres divers, ont joué un grand rôle sur la scène du monde; et souvent nous avons rappelé ces paroles mémorables par lesquelles ils se sont révélés eux-mêmes, et que l'histoire a recueillies.

Si nous avons séparé de l'histoire ancienne proprement dite l'histoire romaine, nous avons eu soin de rappeler dans ce second volume, de siècle en siècle, les faits principaux racontés dans le premier, et à l'aide de ces synchronismes, il sera facile de faire le tableau de l'histoire générale.

Nous avons conservé la forme par demande et réponse qui plaît aux enfans, leur fait trouver leur tâche plus facile, et met bien en relief, comme on le ferait par une note marginale, ce qui fait l'objet d'un alinéa; mais nous avons évité les inconvéniens de ce mode de rédaction, et tel que nous l'avons employé, il ne nuit pas à la liaison des faits. Souvent les derniers mots d'une réponse amènent naturellement la question suivante. Les réponses ont toujours un sens complet, et, lues de suite les demandes étant supprimées, elles formeraient un discours suivi. Ces questions, nous les mettons chacune à sa place, au lieu de les réunir en un long questionnaire à la fin d'un chapitre. Il est bien entendu d'ailleurs que le maître n'est point astreint à se servir des questions du livre; il peut à son gré les varier, les augmenter, et même les supprimer, selon le degré d'intelligence et de mémoire de son élève.

Nous avons conservé l'usage des vers techniques, mais en nous imposant le travail ingrat d'en composer de nouveaux à rimes masculines et féminines. Ces vers ne sont et ne pouvaient être qu'une prose rimée, mais ils ont une puissance mnémonique incontestable. Qui les saurait parfaitement, aurait à toujours dans sa mémoire, comme des notes ou des jalons qui lui rappelleraient toute la suite de l'histoire romaine dans son ordre chronologique.

La chronologie a été l'objet d'une attention particulière, nous avions à justifier ce titre adopté par l'abbé Gaultier : *Leçons de chronologie et d'histoire.* Tout en partageant l'histoire romaine en périodes qui répondent aux grandes révolutions politiques et en paragraphes ou groupes de faits, nous avons maintenu la division siècle par siècle. De plus l'ouvrage est précédé d'un *Tableau chronologique* ou programme très détaillé de l'histoire romaine, qui, nous l'espérons, pourra être d'une grande utilité dans l'enseignement. Pour l'élève, c'est un moyen très commode de repasser tout ce qu'il a vu, c'est le résumé des leçons qu'il a apprises; et pour le maître, c'est l'argument des rédactions qu'il peut donner à faire, c'est un texte à suivre pour ses interrogations, un programme d'examen.

La géographie ne doit pas plus que la chronologie se séparer de l'histoire. Il faut connaître les lieux aussi bien que les temps où les faits se sont passés. Une table géographique que nous croyons exacte, termine ce livre. Tous les lieux, tous les peuples mentionnés s'y trouvent avec renvoi au numéro de la question où ils sont nommés. Mais ce

a.

n'est point assez : il faut pour rendre tout à fait profitable l'étude de l'histoire romaine, la faire précéder ou accompagner d'une description sommaire des contrées qui ont été le théâtre des événemens, et avoir constamment sous les yeux des cartes où l'on devra chercher tous les pays, toutes les villes, tous les peuples, etc., dont il sera successivement question (1).

Suivant encore en cela l'exemple de l'abbé Gaultier, nous avons accordé une petite place à l'histoire littéraire, et nous avons indiqué à la fin de chaque siècle les écrivains illustres qui l'ont honoré; mais ce qui interrompt la suite de l'histoire politique est imprimé en caractère différent, et peut s'en détacher facilement.

L'histoire de l'Église appartient au premier volume de ce cours d'histoire. Nous n'avons pas pu cependant passer complétement sous silence cette immense révolution sociale et religieuse qui s'accomplissait, par la propagation de l'Évangile, pendant que la puissance romaine, parvenue à son apogée, mettait quatre siècles à décroître.

Si cet abrégé était substantiel sans cesser d'être élémentaire, complet quoique très court, concis sans sécheresse, nous aurions atteint notre but, mais tout notre mérite consisterait à nous être rappelé les leçons de notre illustre maître, L'ABBÉ GAULTIER.

---

(1) Voyez *Leçons comparées de géographie ancienne du moyen âge, et des temps modernes et Atlas*, par M. Ducros (de Sixt); chez Jules Renouard et Cie, rue Tournon, n° 6.

PROGRAMME

ET

SOMMAIRE EN VERS TECHNIQUES

DE L'HISTOIRE ROMAINE.

PROGRAMME
DE L'HISTOIRE ROMAINE.

NOTIONS PRÉLIMINAIRES. — Description de l'Italie ancienne. — Premiers habitans : Pélasges, Sicules, Ombriens, Étrusques; les Osques, au centre de l'Italie, partagés en deux branches, les Sabelliens et les Latins. Peuples sabelliens : Sabins, Samnites, Marses, etc. Printemps sacré. Picénius. Peuples latins : Rutules, Éques, Herniques, Volsques, etc.

1620 OEnotrus construit dans le Latium une colonie d'Arcadiens.

1330 Nouvelle colonie d'Arcadiens conduite par Évandre.

1307 Fondation de Tibur par le fils d'Amphiaraüs.

1250 Énée se réfugie dans le Latium.

1175 Son fils Ascagne y fonde Albe la Longue.

801 Proca, douzième successeur d'Ascagne.

HUITIÈME SIÈCLE AVANT J.-C.

Numitor détrôné par Amulius, et rétabli par Romulus et Rémus.
Fondation de Rome par Romulus. Mort de Rémus
Romulus peuple sa ville. — Enlèvement des Sabines. Guerre des Sabins. Mort de Tarpéia.
Les Sabines désarment les combattans. Romulus et Tatius règnent ensemble. — *Quirites*. — Mort de Tatius.
Partage du peuple en tribus et en curies. — Partage des terres. — Établissement du sénat. — Patriciens et plébéiens. — Patrons et cliens, leurs devoirs réciproques. — La légion. — Les *Célères*, origine des chevaliers. — Forme de gouvernement. Assemblée par curies, comices. Attributions du sénat. Pouvoir du roi. — Questeurs. – Licteurs. — Pouvoir paternel. — Augures et auspices. Prêtres.

746 Mort de Romulus. Interrègne.

714 *Numa Pompilius*, de Cures, roi pacifique et religieux. Ses institutions : Flamines, Féciaux, Saliens, Vestales. — Temple à la Bonne-Foi. Temple de Janus. — Le dieu Terme. — Corps de métiers. — Honneurs rendus à l'agriculture. — Réforme du calendrier. — Restriction au pouvoir paternel. — Nymphe Égérie.

SOMMAIRE
DE L'HISTOIRE ROMAINE
EN VERS TECHNIQUES.

PREMIÈRE PÉRIODE.
LES ROIS.

(De 753 à 509, espace de 244 ans.)

§ I. — Romulus Ier roi (de 753 à 716).

Sept cent cinquante-trois voit régner ROMULUS.
Les Sabins sont vaincus, et leur roi Tatius,
De Rome avec les siens cimentant l'alliance
Du premier roi romain partage la puissance.
Sénat et plébéiens, et patrons et cliens,
Chevaliers et questeurs paraissent en ce temps.

§ II. — Numa Pompilius, 2e roi (de 714 à 671).

NUMA, pour gouverner sa nouvelle patrie,
Prenait conseil, dit-on, de la nymphe Egérie.
Il honora Vesta, fit un temple à Janus
Il réforma l'année.

SEPTIÈME SIÈCLE AVANT J.-C.

671 Mort de Numa. *Tullus Hostilius*, prince guerrier, lui succède.
Guerre entre les Romains et les Albains. Les Horaces et les
Curiaces. Mort de Camille. Destruction d'Albe.

638 Mort de Tullus. *Ancus Martius* lui succède.
Guerre contre les Latins. Le droit fécial.
Agrandissement de Rome. Fondation d'Ostie.
Construction d'une prison.

614 Mort d'Ancus. *Tarquin l'Ancien* lui succède.
Origine de Tarquin, tuteur des fils d'Ancus.
Augmentation du sénat.
Guerres contre les Latins, les Sabins, les Étrusques.
Insignes de la royauté reçus des Étrusques.
Innovations introduites à Rome. Pompe du triomphe.

SIXIÈME SIÈCLE AVANT J.-C.

590 Les Gaulois, sous Bellovèse, s'établissent dans l'Italie septentrionale.
Construction du Cirque. Portiques du Forum. Fondemens du
Capitole. Murs de pierre. Aqueducs et égouts.
578 Mort de Tarquin l'Ancien.
Servius Tullius lui succède. Son origine. Adresse de Tanaquil. Opposition du sénat.
Guerres contre les Étrusques.
Nouvelle division de Rome et du peuple romain. Dénombrement ou *cens*. Six classes et 193 centuries. Prolétaires. *Juniores* et *seniores*. — Lieu où se tenait l'assemblée par cen-
turies. — Nouvelle manière de voter et ses conséquences. —
Les charges proportionnées aux droits. — Nouvelle condition
faite aux plébéiens. — Affranchissemens. — Monnaie. —
Agrandissement de Rome, enceinte de Servius.
535 Rome, métropole du Latium; féries latines.
Éloge de Servius. — Caractère de ses filles.
534 Meurtre de Servius. Impiété de Tullie.
Tarquin le Superbe lui succède. Sa tyrannie. — Junius con-
trefait l'insensé.
Guerres contre les Sabins et les Volsques
Siége de Gabies, ruse de Sextus.
Siége d'Ardée. Lucrèce se donne la mort. — Exil des Tarquins.
509 La royauté est abolie.
Monumens achevés ou élevés sous Tarquin : égouts, portiques,
Capitole, détails sur ce temple. — Livres sibyllins.

§ III. — **Tullus Hostilius**, 3e roi (de 671 à 638).

Après lui vint TULLUS
Sous qui le jeune Horace illustra sa famille,
Mais souilla ses lauriers en immolant Camille.

§ IV. — **Ancus Martius**, 4e roi (de 638 à 614).

De Numa petit-fils, ANCUS bat les Latins,
Bâtit une prison, ouvre un port aux Romains.

§ V. — **Tarquin l'Ancien**, 5e roi (de 614 à 578).

TARQUIN, Grec d'origine, et tuteur infidèle,
Elu roi, donne à Rome une enceinte nouvelle,
Construit des aqueducs, augmente le sénat,
Aux pompes du triomphe ajoute de l'éclat;
Au peuple ouvre le cirque, et prince octogénaire,
Sous un fer assassin termine sa carrière.

§ VI. — **Servius Tullius**, 6e roi (de 578 à 534).

Successeur de Tarquin, SERVIUS TULLIUS
Fit aimer aux Romains son règne et ses vertus;
Politique, il changea le mode de suffrage,
Et voulut que le serf pût sortir d'esclavage.
Il fit battre monnaie, il établit le cens,
Et fut assassiné par l'un de ses enfans.

§ VII. — **Tarquin le Superbe**, 7e roi (de 534 à 509).

TARQUIN DEUX, par un crime est monté sur le trône;
Moins en roi qu'en tyran il porte la couronne;
Bâtit le Capitole, embellit la cité;
Se fait chasser de Rome et perd la royauté.

Création des consuls. Junius Brutus et Tarquinius Collatinus, premiers consuls. — Le sénat est complété. — Conspiration en faveur de Tarquin. — Brutus condamne à mort ses deux fils. — Tarquinius Collatinus est remplacé par M. Valérius, que ses lois populaires font surnommer Publicola. — Détails sur ses lois. — Mort de Brutus et d'Aruns. — Honneurs rendus à Brutus.

508 Porsenna assiége Rome. — Courage de Horatius Coclès, de Mutius Scévola et de Clélie.

CINQUIÈME SIÈCLE AVANT J.-C.

497 Commencement de la lutte des plébéiens contre les patriciens. Priviléges et richesses de ceux-ci. Situation et pauvreté de ceux-là. — Dettes. Rigueur des créanciers.

Les Tarquins soulèvent contre les Romains trente villes latines. Le peuple refuse de s'enrôler:

Création d'un dictateur. Ses pouvoirs, son élection, son lieutenant, formule du décret que rendait le sénat. — Titus Lartius premier dictateur. — Trève avec les Latins. Aulus Posthumius dictateur.

495 *Bataille du lac de Régille.*

494 Mort du vieux Tarquin.

Le peuple se retire sur le mont Sacré. Apologue de Ménénius. *Création des tribuns* du peuple. Leurs attributions, extension de leur pouvoir, de leur nombre. Plébiscites. — Ediles, leurs fonctions.

492 *Licinius, premier tribun.*

Siége de Corioles. Coriolan, son caractère. Accusé par les tri-

DEUXIÈME PÉRIODE.

RÉPUBLIQUE,

(De 509 à 31, espace de 478 ans.)

PREMIÈRE PARTIE.

CONQUÊTES DANS L'ITALIE.

(De 509 à 264, espace de 245 ans).

§ I à III. — **Institution du consulat, de la dictature et du tribunat.** — **Coriolan, les Fabiens, Cincinnatus** — **Décemvirat, tribuns militaires.**

Vers cinq cent les consuls, des rois prenant la place.
Proscrivent des Tarquins et le nom et la race.
Brutus condamne à mort ses coupables enfans;
Il combat les Tarquins, succombe; et triomphans
Les Romains par un deuil honorent sa mémoire.
Aux Tarquins Porsenna veut rendre la victoire;
Il prend le Janicule; arrêté par Coclès,
Il admire Scévole et demande la paix.
A Porsenna Clélie est donnée en otage :
Et Rome de sa fuite honora le courage.
Dans le siècle cinquième ont paru dictateurs,
Ediles et tribuns, décemvirs et censeurs.

Coriolan se venge, aux Romains fait la guerre,
Mais ne peut résister aux larmes de sa mère.

buns, se retire chez les Volsques, assiége Rome, est désarmé par sa mère.

486 Spurius Cassius propose une loi agraire; son supplice.
Dévouement des trois cent six Fabiens.
Beau caractère de Cincinnatus.

461 Loi Terentilla. Commissaires envoyés en Grèce.

451 *Création des décemvirs. Loi des Douze tables.*

449 Mort de Virginie. Abolition du décemvirat.

445 Le sénat consent aux mariages entre les deux ordres.

444 Création des tribuns militaires.

442 Création des censeurs. Leurs fonctions. Extension de leurs attributions.

405 Les troupes soldées aux frais du trésor.

QUATRIÈME SIÈCLE AVANT J.-C.

395 *Prise de Veies.* Générosité de Camille et soumission des Falisques. — Exil de Camille.

390 *Bataille d'Allia.* Prise de Rome par les Gaulois. Le Capitole sauvé par Manlius.
Camille bat les Gaulois et rebâtit Rome.
Manlius Capitolinus est précipité du haut de la roche Tarpéienne.

376 Lois des tribuns Licinius Stolon et L. Sextius.

366 *L. Sextius, premier consul plébeien.*
Création du préteur.

343 *Commencement de la lutte contre les Samnites;* elle dure 70 ans.

341 Guerre avec les Latins; sévérité de Manlius; dévouement de Décius.

339 Lois populaires de Publilius Philo.

338 Les Latins sont définitivement soumis.

337 Les plébéiens sont admis à la préture.

324 Les Romains passent sous le joug aux Fourches Caudines.

320 Prise de Lucérie par Papirus Cursor.

310 Fabius Rullianus bat les Étrusques.

308 Victoires multipliées de Papirius Cursor sur les Samnites.

304 Admission des plébéiens aux fonctions sacerdotales.

TROISIÈME SIÈCLE AVANT J.-C.

282 *Guerre contre Tarente.* Les Tarentins appellent à leur secours Pyrrhus roi d'Épire.

279 Bataille d'Héraclée. — Beau caractère de Fabricius. — Cinéas offre la paix aux Romains. — Dévouement de Décius Mus. — Pyrrhus passe en Sicile. Ses succès dans cette île. —

§ IV. — Prise de Véies. — Guerre contre les Gaulois. — Le consulat partagé entre les deux ordres.

Camille a triomphé des Véiens, des Gaulois;
Par lui Rome est bâtie une seconde fois.
Malgré les grands s'accroît le pouvoir populaire.

§ V. — Guerre contre les Samnites et les Latins.

Samnites et Romains se font longtemps la guerre.
En trois cent trente-huit les Latins sont soumis.
Dèce immole sa vie et Torquatus son fils.
Non loin de Caudium vaincus par imprudence,
Les Romains du Samnite éprouvent la vengeance.

§ VI. — Guerre contre Pyrrhus.

En deux cent quatre-vingt le célèbre Pyrrhus
Fait la guerre aux Romains, admire leurs vertus
Vaincu par Dentatus, il sort de l'Italie.
Tarente et Samnium, Brutium, Lucanie
Se rendent, imitant l'exemple des Latins;
Et l'Italie entière est soumise aux Romains.

DEUXIÈME PARTIE.

CONQUÊTES HORS DE L'ITALIE.

(De 264 à 146, espace de 118 ans).

§ I. — Première guerre punique.

Deux cent soixante-quatre a vu Rome et Carthage
Commencer une lut.e où brilla leur courage.

Trahi par le destin, fidèle à son serment,
Régulus a péri dans un affreux tourment.

§ II.—Guerres contre les Ligures, les Gaulois cisalpins, la Corse, la Sardaigne et l'Illyrie.

Les Gaulois cisalpins, la Corse et la Sardaigne
Aux Romains sont soumis; Teuta finit son règne.

DEUXIÈME SIÈCLE AVANT J.-C

§ III. — Deuxième guerre punique.

La ruine de Sagonte a donné le signal
D'une nouvelle guerre où s'illustre Annibal;
Le Tésin, la Trébie et le lac Trasimène
Ont devant ses soldats vu fuir l'aigle romaine;
A Canne il est vainqueur, puis se livre au repos.
Et dans Capoue il perd le fruit de ses travaux.
Des murs Syracusains qu'Archimède protége,
Marcellus en trois ans achève enfin le siége.
Sans secours de Carthage, Annibal aux Romains
Abandonne Capoue, et lorsque les destins
Semblaient à ses desseins se montrer moins contraires
La mort frappe Asdrubal, et ruine ses affaires.
Les Scipions tous trois, par leurs exploits fameux,
Obtiennent en Espagne un renom glorieux.
A Rome élu consul, Publius en Afrique
Termine en deux cent un cette guerre punique,
Lutte sanglante et riche en grands événemens,
Qui faillit perdre Rome et dura dix-sept ans.

§ IV. — Deuxième guerre de Macédoine

Flamininus abat Philippe et sa puissance ;
Et de Rome il voulait étendre l'influence,
Quand il semblait aux Grecs rendre leur liberté.
De Carthage Annibal est alors rejeté.

§ V. — Guerre contre Antiochus.

Lucius Scipion s'illustrant en Asie

Défit Antiochus aux champs de Magnésie.

Tandis qu'en Orient triomphent les Romains,
Scipion Nasica repousse les Boïens.
Longtemps combat l'Espagne avant d'être asservie

Le vainqueur d'Annibal est en butte à l'envie:
On l'accuse, il redit ses exploits glorieux,
Puis monte au Capitole et rend grâces aux Dieux.

Ennemi de tout luxe, austère, incorruptible,
Caton l'Ancien se montre un censeur inflexible.

§ VI. — Troisième et quatrième guerre de Macédoine.

Paul Emile à Pydna de Persée est vainqueur.
Le sénat tout puissant des rois est la terreur.
L'imposteur Andriscus se dit fils de Persée.

§ VII. — Troisième guerre punique.

En cent quarante-six, Carthage est renversée.
Corinthe doit sa ruine au consul Mummius.

§ VIII. — Guerre en Lusitanie contre Viriathe.

Viriathe succombe et Numance n'est plus.

b

§ IX. — Guerres contre les esclaves en Sicile et contre Aristonic.

Rupilius combat la révolte en Sicile;
L'esclave Eunus y montre un courage inutile.
Pour héritier Attale a le sénat romain.

TROISIÈME PARTIE.

TROUBLES CIVILS.

(De 146 à 31, espace de 115 ans).

§ I. — Les Gracques.

Les Gracques, petits-fils du premier Africain,
Se font chefs tous les deux du parti populaire,
Et chacun d'eux n'obtient qu'un succès éphémère.

Près d'Aix sous Sextius les Romains sont vainqueurs :
De deux villes en Gaule ils sont les fondateurs.

§ II. — Guerres contre Jugurtha et contre les Cimbres.

Marius en cent six soumet la Numidie;
Puis combat les Teutons et sauve sa patrie.

101 Bataille de Verceil, où il extermine les Cimbres.
104 à 101 Nouvelle révolte des esclaves en Sicile.
Auteurs célèbres du deuxième siècle avant J.-C. : Plaute, Térence, Ennius, Polybe.

PREMIER SIÈCLE AVANT J.-C.

100 *Sixième consulat de Marius.* Il se ligue avec Glaucia et Saturninus contre le parti du sénat.—Saturninus parvient par un crime au tribunat, il propose une loi agraire. — *Exil de Métellus.* — Marius est obligé de sévir contre Saturninus et ses complices ; il part pour l'Asie.

99 Métellus est rappelé.

96 Ptolémée Apion, roi de Cyrène, lègue ses États aux Romains.

91 Assassinat de Livius Drusus. — Commencement de la *guerre sociale.* Peuples qui entrent dans la ligue. Part que prennent à cette guerre, Marius, Sylla, Pompéius, Pompédius Silo. Issue de la guerre.

88 *Première guerre contre Mithridate.* Caractère de ce prince. Cause de la guerre. Sylla est chargé de la faire. Massacre des Romains en Asie. Succès d'Archélaüs.

88 à 85 *Rivalité de Marius et de Sylla* à l'occasion de la guerre contre Mithridate. — Mort du tribun Sulpicius. — Marius à Minturnes et à Carthage. — Le parti populaire abattu. — Cinna consul. — Sylla se rend en Grèce. — Cinna relève le parti populaire, rappelle Marius. Massacre à Rome. Mort de Marius.—Succès de Sylla, prise d'Athènes, batailles de Chéronée et d'Orchomène. — Cinna veut remplacer Sylla par Valérius Flaccus, qui est assassiné par Fimbria.

85 à 82 Sylla fait la paix avec Mithridate, réduit Fimbria à se tuer et revient en Italie. — Mort de Cinna. — Succès de Sylla. Bataille de Sacriport. Bataille de la porte Colline. Prise de Préneste. Sylla est maître de Rome. Usage qu'il fait de sa victoire. Proscriptions.

84 *Sylla se fait nommer dictateur perpétuel.* Réformes qu'il fait. Colonies. Les Cornéliens. — Le parti de Marius est anéanti en Sicile et en Afrique par Pompée, que Sylla salue du nom de Grand et laisse triompher.

79 Un accommodement termine la guerre que Muréna faisait à Mithridate. — Abdication de Sylla, qui meurt à Cumes deux ans après. Son épitaphe.

78 Vains efforts de Lépidus pour relever en Italie le parti de Marius.

Plaute, Ennius, Térence ont pour contemporain
L'ami de Scipion, Polybe, historien.

§ III. — Sixième consulat de Marius. Exil de Métellus.

Métellus, chef des grands, à Marius contraire,
Lui résiste et s'impose un exil volontaire.
Saturninus subit le sort qu'il méritait,
Et Rome, vers ce temps, de Cyrène héritait.

§ IV. — Guerre sociale. Première guerre contre Mithridate.

Quand l'Italie obtient le droit de bourgeoisie,
Mithridate-le-Grand fait la guerre en Asie.

§ V. — Rivalité de Marius et de Sylla.

Sont tour à tour proscrits Marius et Sylla;
De tous ses ennemis ce dernier triompha.

§ VI. — Dictature de Sylla. Deuxième guerre contre Mithridate.

Il se fit dictateur et lassé de vengeance,
Osa, couvert de sang abdiquer la puissance.

§ **VII.** — **Sertorius, Spartacus, Crassus et Pompée consuls. Verrès. Conquête de la Crète.**

Sertorius périt sous un fer assassin,
Spartacus succomba les armes à la main.
Contre un préteur cruel, fameux par ses rapines,
L'éloquent Cicéron prononce ses Verrines,
Et des Siciliens il a vengé les droits.
Métellus aux Romains a soumis les Crétois.

§ **VIII.** — **Troisième guerre contre Mithridate.**

Mithridate combat Lucullus et Pompée,
Et, trahi par son fils, se perce d'une épée.

§ **IX.** — **Conjuration de Catilina.**

En l'an soixante-trois le consul Cicéron
Poursuit Catilina, confond sa faction,
Et par Rome est nommé père de la patrie.

§ **X.** — **César. Premier triumvirat. Conquête des Gaules. Rivalité de César et de Pompée.**

Rempli d'ambition, puissant par son génie,
César veut à tout prix tenir le premier rang.
En dix ans de la Gaule il fut le conquérant;

Crassus mort, à Pompée il déclare la guerre
Et vainqueur à Pharsale est maître de la terre
Juba meurt en Afrique ainsi que Scipion.
Avec la liberté voulut périr Caton.

§ XI. — Dictature de César.

César partout triomphe; il réforme l'année,
Et défait à Munda les deux fils de Pompée.

L'ingrat Brutus l'immole au milieu du sénat

43 Guerre de Modène. Antoine, déclaré ennemi de l'État, est
   vaincu à Modène. Mort des consuls Hirtius et Pansa.
   Second triumvirat entre Octave, Antoine et Lépide. Ils se
   partagent les provinces. Proscriptions. Mort de Cicéron. —
   Forces qui restaient au parti républicain.
42 *Bataille de Philippes.* Brutus et Cassius se donnent la mort.
   — Antoine passe en Asie, et de là en Égypte où Cléopâtre le
   retient.
41 Conspiration de Fulvie et de L. Antonius. Réconciliation des
   triumvirs. Mariage d'Antoine avec Octavie.
40 Nouveau partage des provinces entre les triumvirs.
39 Ventidius, lieutenant d'Antoine, défait Pacorus, roi des Parthes. Antoine veut combattre lui-même les Parthes. — Il
   soutient Hérode et le fait nommer roi de Judée. — Octave
   répudie Scribonia, se brouille avec Sextus Pompée.
36 Bataille navale sur les côtes de Sicile où Sextus Pompée est
   vaincu par Agrippa. — Fin de Sextus Pompée. — Expédition
   malheureuse d'Antoine contre les Parthes. — Sa passion pour
   Cléopâtre. — Lépide est dépouillé du pouvoir.
32 Antoine répudie Octavie. La guerre est déclarée entre lui et
   Octave.
31 *Bataille d'Actium.* — Fin d'Antoine, de Cléopâtre et du
   royaume d'Égypte.
29 Octave ferme le temple de Janus.

   Sage politique d'Octave. Il prend le nom d'*Auguste*. Il répare
   les maux de la guerre et fait fleurir les arts et la paix.
24 à 8 Au dehors : il soumet les Cantabres et les Astures. — Can-
   dace, reine d'Éthiopie, pose les armes. — Les Parthes renvoient les étendards pris sur Crassus. — Les Indiens envoient
   une ambassade. — Les Rhètes sont vaincus par Drusus et
   Tibère. — Drusus s'avance dans la Germanie jusqu'à l'Elbe
   et jusqu'au Weser, et remporte de nombreuses victoires. —
   Mort de Drusus.
8 Auguste ferme le temple de Janus.
   Le siècle d'Auguste est l'un des quatre grands siècles de la littérature. Prosateurs latins : Salluste, Cicéron, Tite Live, César, Cornélius Népos, Trogue Pompée, Vitruve, Térentius
   Varron. — Historien grec : Denys d'Halicarnasse. — Poëtes
   latins : Lucrèce, Catulle, Properce, Tibulle, Virgile, Hora-

§ XII. — Second triumvirat.

Rome gémit bientôt sous le triumvirat.
De Cicéron, Antoine a demandé la tête.
Vers ce temps, de Brutus la mort suit la défaite.
De Cléopâtre Antoine est follement épris.
Octave donne aux siens les terres des proscrits.
Vainqueur l'an trente-et-un sur les côtes d'Epire,
Près d'Actium, du monde il a conquis l'empire,
L'an trente il ferme enfin le temple de Janus.

TROISIÈME PÉRIODE.
L'EMPIRE

)(De 31 ans avant J.-C à 395 ans après. Espace de 426 ans).

PREMIÈRE PARTIE.
PRINCIPAT.

(De 31 ans avant J. C. à 192 après. Espace de 223 ans).

§ I. — Auguste.

AUGUSTE a sous ses lois tous les peuples connus,
Fait oublier Octave, et profond politique,
Déguise habilement son pouvoir monarchique.

Dans son siècle ont brillé Salluste et Cicéron,
Tite Live et Népos et Vitruve et Varron,
Denys d'Halicarnasse et Lucrèce et Catulle,
Virgile, Horace, Ovide et Properce et Tibulle.

race et Ovide. — Mécène. protecteur des hommes de lettres.
1 Naissance de Jésus-Christ.

PREMIER SIÈCLE APRÈS J.-C.

9 Défaite de Varus dans la forêt de Teuteberg.
Caractère de Livie. But de son ambition. — Chagrins domestiques d'Auguste. — Sa clémence envers Cinna. — Auguste
adopte Tibère. — Loi Papia Poppæa.
14 Mort d'Auguste. — Jugement sur les moyens qu'il employa
pour parvenir au pouvoir et sur l'usage qu'il en fit. — Quelques paroles remarquables de lui. — Tableau des membres
dont se composa sa famille.
Tibère lui succède. — Sa dissimulation. — Le sénat complice
de sa tyrannie. — Les accusations de lèse-majesté. — Déla-
tions.
19 Il fait périr Germanicus. — Ses autres victimes.
27 Il se retire à Caprée.
31 Mort de Séjan. — Redoublement de cruauté.
33 Mort de Jésus-Christ.
37 Tibère meurt à Misène. *Caligula* empereur. Ses vices, sa folie, son vœu atroce.
41 Mort de Caligula. *Claude* empereur. Comment il parvient à
l'empire. Son caractère. Messaline. Agrippine, seconde
femme de Claude, veut faire régner Néron.
54 Mort de Claude. Accroissement, sous son règne, de l'empire
romain.
Néron empereur. Après un heureux début, Néron jette le
masque. Son goût pour les spectacles. Victimes de sa cruauté.
— Incendie de Rome.
67 Martyre de saint Pierre et de saint Paul.
68 Mort de Néron. *Galba* proclamé empereur en Espagne par les
légions. — Mort de Néron. — Galba assassiné par les prétoriens; ce qu'on a dit de lui. — *Othon* est reconnu empereur par
le sénat et *Vitellius* par les légions de Germanie. — Bataille
de Bédriac. — Cruauté, gloutonnerie et mort de Vitellius.
69 *Vespasien* empereur. Il laisse en Judée son fils Titus pour
continuer le siége de Jérusalem.
70 Prise et destruction de Jérusalem. — Les Bataves se soulèvent
sous la conduite de Civilis.
Sage administration de Vespasien. — Le Colysée.
Histoire d'Eponine et de Sabinus.
78 Agricola poursuit la conquête de la Bretagne.
79 Mort de Vespasien. *Titus* empereur. Son caractère. — Première éruption du Vésuve.

L'an neuf, eu Germanie, a succombé Varus.
A la fleur de son âge a péri Marcellus.
Auguste, envers Cinna, fait preuve de clémence;
L'an quatorze, à son gendre il lègue sa puissance,

§ II. — Tibère.

L'astucieux TIBÈRE est prodigue de sang;
Il immole Agrippa, Germanicus, Séjan.

§ III. — Caligula.

CALIGULA dans Rome a, malgré sa démence,
Gardé pendant quatre ans la suprême puissance.

§ IV. — Claude.

CLAUDE, à son propre fils, a préféré Néron.
En l'an cinquante-quatre il meurt par le poison.

§ V. — Néron.

NÉRON, cruel tyran, par le meurtre d'un frère
Se prépare à celui d'Agrippine sa mère.

§ VI. — Galba, Othon, Vitellius.

GALBA précède OTHON que suit VITELLIUS.

§ VII. — Vespasien, Titus, Domitien.

Après VESPASIEN on voit régner TITUS,
Dont le peuple bénit le pouvoir tutélaire,

81 *Domitien*, son frère, empereur. Sa tyrannie, sa cruauté; son mépris pour le sénat.
85 Agricola est rappelé de Bretagne.
90 Domitien achète la paix des Daces.
96 Mort de Domitien. *Nerva* empereur. Il adopte Trajan.
98 Mort de Nerva. *Trajan* empereur. Sagesse de son gouvernement. Son éloge comme homme d'état. Règle de conduite qu'il s'était tracée.
Poetes dans le premier siècle après J.-C. : Phèdre, Lucain, Silius Italicus, Valérius Flaccus, Stace, Perse et Juvénal.
Historien illustre : Tacite. Autres prosateurs : Velléius Paterculus, Valère Maxime, Quinte-Curce, Pline l'Ancien, Quintilien, Celse. Auteurs grecs : le géographe Strabon et l'historien Josèphe.

DEUXIÈME SIÈCLE APRÈS J.-C.

106 Exploits de Trajan. — La Dacie réduite en province romaine. — Erection de la colonne Trajane.
113 Mort de Pline le jeune, panégyriste de Trajan.
114 Expédition de Trajan en Orient; il bat les Parthes.
117 Mort de Trajan. Plutarque quitte alors l'Italie.
Adrien empereur. Sa politique diffère de celle de Trajan. Ce qu'il fait pour assurer la prospérité de l'empire. Ses voyages, ses fondations.
121 Construction en Bretagne de la grande muraille appelée mur d'Adrien.
131 Publication de l'Édit perpétuel.
132 Révolte des Juifs. Ælia Capitolina, la nouvelle Jérusalem, interdite aux Juifs. Leur dispersion définitive.
138 Adrien adopte Antonin, et meurt. — *Antonin* empereur. Il adopte Marc Aurèle. — Noble caractère d'Antonin; prospérité de l'empire pendant 23 ans. — Antonin fait cesser la persécution contre les chrétiens.
61 *Marc Aurèle* empereur. Il s'associe son gendre L. Vérus.
165 Expédition de L. Vérus contre les Parthes.
Parallèle entre Marc Aurèle et L. Vérus; ce dernier meurt en 174.
167 à 180 Guerres perpétuelles contre les Marcomans et autres peuples du nord. — Légion Mélitène; pluie miraculeuse. — Marc Aurèle prend des barbares à sa solde.
Éloge de Marc Aurèle. — Reproche qu'on lui fait. — Il est le dernier des bons princes que l'adoption a donnés à l'empire.
180 *Commode* empereur. Monstre de cruauté et de débauche. Sa passion pour les jeux de l'amphithéâtre.
192 Il est assassiné par Marcia de concert avec Lætus.

Et que n'imita point DOMITIEN son frère.

§ VIII. — Nerva, Trajan, Adrien.

NERVA laisse à TRAJAN le pouvoir souverain.
A leurs écrits Lucain, Pline, Quintilien,
Sénèque, Juvénal, Phèdre doivent leur gloire.
Tacite des tyrans a flétri la mémoire.

Partout vainqueur, Trajan du Parthe est redouté,
Et meurt l'an cent dix-sept des Romains regretté.
Il protégea Plutarque et fut loué par Pline.
Son pupille ADRIEN doit le sceptre à Plotine.

§ IX. — Antonin, Marc Aurèle, Commode.

En cent trente-huit règne ANTONIN le pieux,
Et sous lui vingt-trois ans les Romains sont heureux.
Il eut pour successeur ce sage MARC AURÈLE,
Qui des rois vertueux est resté le modèle.

Dans le sang des Romains COMMODE s'est baigné.

Pertinax, après un règne de trois mois, est massacré par les Prétoriens.

Didius Julianus achète l'empire. Septime Sévère, Niger, Albinus sont proclamés empereurs par leurs armées. — *Septime Sévère* s'empare de Rome le premier. —Didius est tué après un règne de deux mois.

194 Bataille d'Issus, mort de Niger. — Destruction de Byzance.

197 Bataille entre Lyon et Trévoux, mort d'Albinus.

Hommes célèbres du second siècle : parmi les Latins, Pline le jeune, Suétone, Florus. Parmi les Grecs : Plutarque, Epictète, Arrien, Pausanias, Lucien, Galien, Ptolémée.

Progrès qu'avait déjà faits la religion chrétienne.

TROISIÈME SIÈCLE APRÈS J.-C.

208 Expédition de Sévère dans la Bretagne. — Mur de Sévère.

211 Mort de Septime Sévère. — *Caracalla*, son fils et son successeur, tue son frère Géta. Jugement sur Caracalla. —D'où lui venait ce nom. — Ses cruautés. Meurtre de Papinien. — Moyens par lesquels Caracalla se procurait de l'argent.

217 Caracalla est assassiné à l'instigation de Macrin.

Macrin s'associe son fils Diadumène.

218 Ils sont tués par les soldats. *Héliogabale* commence à régner. Il se livre à tous les genres de désordres et de folies.

222 Sa mort digne de sa vie.

Alexandre Sévère élu par les prétoriens. Contraste avec son prédécesseur. Ses sages mesures. Sa rigueur envers les vendeurs de fumée.

Fin de la dynastie des Arsacides. Commencement de celle des Sassanides.

234 Les soldats massacrent Alexandre Sévère et proclament à sa place *Maximin*. Quel était ce Maximin.

237 Le vieux *Gordien* proclamé empereur malgré lui. Il s'associe son fils.

238 Tous deux périssent au bout de six semaines.

Le sénat proclame augustes *Papiénus* et *Balbin*, et nomme césar le *jeune Gordien*, troisième du nom.

DEUXIÈME PARTIE.

DESPOTISME MILITAIRE.

(De 192 à 284 après J.-C. Espace de 92 ans).

§ I. — Pertinax, Didius Julianus, Septime Sévère.

PERTINAX, DIDIUS, peu de temps ont régné.
Le pouvoir est conquis par SEPTIME SÉVÈRE,
Prince dur et cruel, mais vaillant militaire.

Au second siècle, on voit Épictète, Arrien,
Suétone et Florus, Plutarque et Galien.

La foi que Jésus-Christ vint apporter au monde
S'accroît sous les bourreaux, et le sang la féconde.

§ II. — Caracalla, Macrin, Héliogabale.

L'an deux cent onze a vu régner CARACALLA;
Son frère le gênait, bientôt il l'immola.
Après lui vient MACRIN, puis HÉLIOGABALE,
Et Rome dégradée eut son Sardanapale.

§ III. — Alexandre Sévère, les deux Gordiens, Philippe Décius.

ALEXANDRE SÉVÈRE, ainsi que MAXIMIN;
GORDIEN et ses fils; PUPIÉNUS, BALBIN,

Les soldats massacrent Maximin, Pupiénus et Balbin. Le jeune Gordien reste seul empereur. Il gouverne avec la sagesse d'un vieillard. Il défait Sapor.

244 *Philippe*, préfet du prétoire, le fait assassiner ; s'empare de l'autorité et la partage avec son fils.

249 Massacre des deux Philippe. *Décius* empereur.

250 Septième persécution. — Progrès des Goths.

251 Décius périt en les combattant. — *Gallus* proclamé empereur, achète la paix des Goths.

253 Gallus est massacré avec son fils Volusien ; *Emilien*, son successeur, est à son tour massacré au bout de trois mois — *Valérien* empereur, s'associe son fils *Gallien*.

255 Commencement de la huitième persécution.

259 Défaite de Valérien par Sapor. — Lâcheté de Gallien. Incursions des Barbares. — Anarchie militaire, trente tyrans.

263 Odenat, prince de Palmyre, prend la dignité royale, défait Sapor, est nommé césar, périt victime d'une conspiration — Sa femme Zénobie lui succède.

268 Gallien est massacré par ses officiers. *Claude II* lui succède. — Défaite et mort d'Auréolus.

269 Bataille de Nissa. Défaite des Goths.

270 Mort de Claude II. *Aurélien* lui succède. Exploits d'Aurélien en Occident.

272 Commencement de la neuvième persécution. — Guerre contre Zénobie, prise de Palmyre, supplice de Longin.

275 Mort d'Aurélien. — Ses largesses au peuple. — Interrègne de six mois. Élection de *Tacite*. Mot célèbre de cet empereur.

276 Mort de Tacite. *Florien* son frère, règne deux mois. *Probus* empereur. Son caractère. — Ce qu'il fait pour relever l'empire, comment il occupe les soldats.

282 Il est massacré par eux. Le préfet du prétoire *Carus* est proclamé auguste, il nomme césars ses deux fils *Carin* et *Numérien*. En quoi différaient ces deux frères. — Mort de Carus et de Numérien.

284 *Dioclétien* est élu par l'armée de Chalcédoine.

285 Mort de Carin. — Fin du despotisme militaire, période des partages de l'empire, nouvelle forme que prend le pouvoir.

PHILIPPE, ont subi tous une mort violente.
Les Goths passent l'Ister en l'an deux cent cinquante.

§ IV. — Gallus, Valérien, Gallien, Claude II.

A DÈCE ont succédé GALLUS, VALÉRIEN,
Que suit son fils, l'ingrat et lâche GALLIEN.

CLAUDE DEUX, un moment, a relevé l'empire.

§ V. — Aurélien.

Le brave AURÉLIEN a renversé Palmyre.

§ VI. — Tacite, Florien, Probus, Carus, Carin, Numérien.

Rome sans empereur était depuis six mois,
Lorsqu'enfin le sénat de TACITE a fait choix.
PROBUS par ses vertus de son nom était digne.
C'est lui qui dans la Gaule a transplanté la vigne.
Par CARUS et ses fils, entre eux si différens,
L'empire est gouverné pendant très peu de temps.

TROISIÈME PARTIE.

EMPIRE MONARCHIQUE.

(De 284 à 395 après J.-C. Espace de 111 ans).

I.—Dioclétien, Maximien, Constance Chlore, Galère.

De DIOCLÉTIEN l'inquiète prudence

Associe au pouvoir MAXIMIEN, CONSTANCE,
GALÈRE, qui, vainqueur du roi persan Narsès,
Veut en vain de l'Eglise arrêter les progrès.

II. — Constantin.

L'an trois cent douze meurt l'usurpateur MAXENCE,
CONSTANTIN garde seul la suprême puissance,
Se fait le défenseur de la religion;
Il rebâtit Byzance et lui donne son nom.

III. — Successeurs de Constantin jusqu'à Théodose.

Ses trois fils portent mal le fardeau de l'Empire.

Contre la foi du Christ c'est en vain que conspire
JULIEN l'Apostat, sectateur des faux dieux.

En Perse JOVIEN signe un traité honteux.

A VALENTINIEN, vertueux mais colère,
L'Occident obéit, lorsque VALENS son frère,
Fanatique arien, gouverne l'Orient,

Les Huns passent le Don.

§ IV. — Théodose le Grand.

THÉODOSE LE GRAND
De deux usurpateurs sait abaisser l'audace,
Soumet au joug les Goths établis dans la Thrace,
Et seize ans de l'empire arrêtant le déclin,
Fait d'un dernier éclat briller le nom romain.

LEÇONS DE CHRONOLOGIE
ET D'HISTOIRE.

HISTOIRE ROMAINE

DEPUIS LA FONDATION DE ROME

JUSQU'À LA DIVISION DE L'EMPIRE ROMAIN.

LEÇON PRÉLIMINAIRE.

1. *Quels anciens peuples habitèrent l'Italie ?*
Parmi les peuples de races diverses qui furent les premiers habitans de l'Italie ancienne, on remarque d'abord les Pélasges et les Sicules qui furent expulsés de la péninsule ; puis les Ligures, les Ombriens, les Étrusques et les Osques qui s'y maintinrent.

2. *Quel fut le sort des Pélasges et des Sicules ?*
Les Pélasges, peuple paisible et industrieux, disparurent de l'Italie, en y laissant çà et là pour trace de leur passage ces murailles cyclopéennes, ces blocs énormes posés sans ciment, et qui ont résisté au temps comme aux hommes. Les Sicules furent repoussés des plaines du Pô jusque dans la grande île qui de leur nom s'est appelée *Sicile.* Ceux des

1

Pélasges et des Sicules qui, préférant à l'exil une domination étrangère, restèrent en Italie, y perdirent leurs mœurs, leur langue, leur liberté, et y formèrent une classe inférieure composée d'esclaves et d'artisans.

3. *D'où venaient les Ligures et où s'établirent-ils ?* Les Ligures venaient d'Espagne, ils appartenaient à la race ibérienne. Ils se répandirent sur le littoral de la Méditerranée jusqu'à l'Arno. C'étaient des montagnards sobres, actifs, d'un infatigable courage, n'ayant que de pauvres villages, et divisés en autant de tribus qu'ils avaient de vallées. Ils observaient religieusement l'usage de déclarer la guerre par des ambassadeurs.

4. *A quelle race appartenaient les Ombriens, et quelles furent leurs conquêtes ?* Les Ombriens appartenaient à la race celtique ou gauloise; ils s'emparèrent des pays occupés par les Sicules dans les plaines du Pô, se répandirent le long de l'Adriatique jusqu'au mont Gargano, et à l'ouest des Apennins ils soumirent une partie des pays compris entre l'Arno et le Tibre.

5. *Quel était l'état politique des Ombriens et comment finit leur domination ?* A la façon des Celtes, les Ombriens étaient divisés en de nombreuses peuplades indépendantes ; ils habitaient dans des villages ouverts, au milieu des plaines, dédaignant d'abriter leur courage derrière de hautes murailles. Ils furent chassés par les Etrusques des plaines du Pô ainsi que de celles qui sont entre l'Arno et le Tibre, et ne se maintinrent qu'à l'est de l'Apennin dans le pays qu'ils appelèrent *Ombrie*, mais en se soumettant aux Etrusques et en restant unis d'intérêts avec eux.

6. *Où les Etrusques s'établirent-ils?* Vainqueurs

des Ombriens sur les rives du Pô, les Etrusques, sur l'origine desquels les savans ne sont pas d'accord, s'établirent entre le Tibre et l'Arno dans la province qui de leur nom s'appela *Etrurie* (Toscane). Ils y formèrent une confédération de douze cités gouvernées chacune par un chef appelé *Lucumon*.

7. *Quelle extension prit la domination étrusque?* Les Etrusques envoyèrent douze colonies dans les plaines du Pô, et il se forma au sud, vers la Campanie, 800 ans avant notre ère, une troisième confédération étrusque dont les principales cités étaient Herculanum et Pompéies. Les Etrusques étendirent donc leurs conquêtes du Pô au Vésuve, mais l'union manqua pour maintenir une si vaste domination, et les Etrusques ne conservèrent que l'Etrurie.

8. *A quel degré de civilisation étaient parvenus les Etrusques?* Tandis que les autres peuples Italiens vivaient épars dans des bourgades, les Etrusques avaient des villes murées. Agriculteurs habiles, ils ouvraient des canaux, desséchaient des marais ; marchands, ils creusaient des ports et s'enrichissaient par le commerce maritime ; artistes et ouvriers industrieux, ils pétrissaient la terre en vases élégans, sculptaient d'innombrables bas-reliefs, ciselaient des armes précieuses ; lettrés, ils écrivaient, à la façon des Orientaux, de droite à gauche, dans une langue totalement perdue comme la langue carthaginoise ; ils passaient pour fort habiles dans la vaine science augurale, qui consistait à lire dans les entrailles des animaux, dans les éclats de la foudre et dans le vol et le chant des oiseaux.

9. *Qui étaient les Osques et comment se parta-*

geaient-ils ? Les Osques (1) étaient la véritable race italienne, ils occupaient l'Italie centrale et se partageaient en deux branches : les *Sabelliens*, nation de pâtres, ayant pour demeures les sommets de l'Apennin et les côtes de l'Adriatique ; les *Latins*, robuste population de laboureurs, habitant la plaine située entre le Tibre et le Liris et appelée *Latium*.

10. *Quels sont les divers peuples qui appartenaient à la race sabellienne ?* À la race des Sabelliens appartenaient les Sabins, remarquables par leur mœurs graves, leur vie frugale et laborieuse ; les Marses et les Samnites, d'un indomptable courage ; les Lucaniens, les plus barbares de tous, etc.

11. *Expliquez l'origine des Picénins, et ce qu'on entendait par un printemps sacré ?* Lorsque dans ces montagnes la famine était menaçante ou la guerre malheureuse, on vouait aux dieux, par un *printemps sacré*, tout ce qui naissait en mars et en avril. Les enfans eux-mêmes étaient offerts en sacrifice. Plus tard le bétail seul fut immolé ou racheté, et les enfans, élevés jusqu'à vingt ans, étaient alors conduits, la tête voilée, hors du territoire. Des Sabins descendent par un printemps sacré les Picénins. Protégés par les dieux, ils furent conduits, disait-on, par un épervier (*picus*) dans le pays qui s'appela *Picenum*.

12. *Quels peuples particuliers étaient compris sous la dénomination de peuples latins ?* On comprenait sous la dénomination de peuples latins, d'abord les Latins proprement dits ou Aborigènes, puis les Rutules, les Eques, petit peuple de pâtres

(1) Appelés aussi Opiques, Ausones, Aurunces.

et de chasseurs, pillards insatiables, les Herniques, les Volsques, peuple belliqueux, etc.

13. *Quelles sont les colonies qui, suivant d'anciennes traditions, vinrent, en des temps très reculés, s'établir dans le Latium?* Deux colonies d'Arcadiens s'établirent dans le Latium : la première (1620 ans avant J.-C.) sous la conduite d'OEnotrus, et la seconde (1330 ans avant J.-C.) sous celle d'Evandre. Des Argiens (1307 avant J.-C.) y abordèrent sous la conduite de Tibur, fils d'Amphiaraüs, et y fondèrent une ville que du nom de leur chef ils appelèrent *Tibur*. Après la ruine de Troie, Énée, à la tête d'une colonie de Troyens, vint chercher dans cette contrée une nouvelle patrie. Il épousa Lavinie, fille de Latinus, roi du Latium, et fonda Lavinium. Son fils Ascagne bâtit Albe-la-Longue.

14. *Quelle postérité laissa Proca, 12ᵉ successeur d'Ascagne?* Proca, 12ᵉ successeur d'Ascagne, laissa deux fils : Numitor qui lui succéda, et Amulius. De Rhéa-Sylvia, fille de Numitor, naquirent deux jumeaux, Romulus et Rémus.

15. *Par qui Numitor fut-il chassé du trône?* Numitor fut chassé du trône par Amulius qui, pour priver son frère de postérité, fit exposer ses neveux sur le Tibre; mais ces deux enfans furent recueillis par un pâtre, et suivant une tradition fabuleuse, allaités par une louve.

16. *Que firent Romulus et Rémus, lorsqu'ils furent devenus grands?* Romulus et Rémus, devenus grands, rétablirent sur le trône leur grand-père Numitor, et formèrent le projet de bâtir une ville à l'endroit même où ils avaient été exposés.

17. *Comment Romulus donna-t-il son nom à la nouvelle ville?* Les deux frères, égaux en force

et en autorité, après s'être disputé l'honneur de donner un nom à la nouvelle ville, convinrent de s'en rapporter aux dieux, qu'ils consultèrent par l'augure du vol des oiseaux. Rémus, sur l'Aventin, vit le premier six vautours, mais Romulus, sur le Palatin, en vit douze. Les dieux avaient prononcé en sa faveur, et de son nom la ville dut s'appeler Rome : il la consacra au dieu de la guerre dont il voulait qu'on le crût issu.

18. *Comment Romulus en marqua-t-il l'enceinte ?* Selon les rites étrusques, Romulus attela à une charrue un taureau et une génisse sans tache, et avec un soc d'airain il traça autour du mont Palatin un sillon qui représenta le circuit des murs, l'enceinte sacrée : ainsi fut fondée Rome, 753 ans avant J.-C.

19. *Comment périt Rémus ?* Romulus élevait un mur autour de sa nouvelle ville ; Rémus, par dérision, le franchit d'un saut ; Romulus le tua en s'écriant : ainsi périsse quiconque franchira mes remparts.

20. *Quel spectacle offrait le monde au moment où Rome fut bâtie ?* La division régnait entre Juda et Israël ; la monarchie des Assyriens, fondée par Nemrod, finissait en la personne de Sardanapale, après avoir subsisté 1344 ans ; les Spartiates se formaient aux lois de Lycurgue ; les Athéniens, en proie aux dissensions civiles, restreignaient l'archontat à dix années ; l'Italie était occupée par des peuples de races diverses dont les plus puissans étaient les Etrusques, les Sabelliens et les Latins ; de nombreuses colonies grecques s'établissaient dans la Sicile et dans l'Italie méridionale qui fut appelée *Grande-Grèce.*

21. *Combien de siècles l'histoire romaine embrasse-t-elle depuis la fondation de Rome jusqu'à la division de l'empire?* L'histoire romaine, depuis la fondation de Rome jusqu'à la division de l'empire, embrasse onze siècles et demi, pendant lesquels on voit les Romains remplacer la monarchie par la république, faire la conquête de l'Italie, vaincre Carthage, dominer dans le monde connu des anciens, puis perdre leur liberté avec les mœurs auxquelles ils durent leurs victoires, et revenir enfin (30 ans avant J.-C.) sous Octave, neveu de César, au gouvernement monarchique.

22. *En combien de périodes diviserons-nous l'histoire romaine?* Nous diviserons l'histoire romaine en trois périodes principales, savoir :

1re période : Les Rois, depuis la fondation de Rome en 753 jusqu'à la chute de Tarquin le Superbe en 509 (espace de 244 ans);

2e période : La République, depuis la chute de la royauté jusqu'à l'empire en 31 (espace de 478 ans); période subdivisée en trois parties, savoir : 1re partie, la conquête de toute l'Italie; 2e partie, les conquêtes hors de l'Italie, et les guerres puniques; 3e partie, les troubles civils.

3e période : L'Empire, depuis la chute de la république jusqu'à la mort de l'empereur Théodose en 395 après J.-C. (espace de 426 ans) période subdivisée en trois parties: le principat, le despotisme militaire, l'empire monarchique.

23. *Quels sont les deux empires qui commencèrent et finirent, pendant que les Romains faisaient la conquête de l'Italie?* Pendant que les Romains se préparaient par la conquête de l'Italie à celle du monde, on vit s'élever et disparaître deux grands empires : l'empire des Perses, fondé par Cyrus (536 ans avant J.-C.) et détruit par Alexandre le Grand environ deux siècles après, et celui des Macédoniens, fondé par ce même Alexandre, et partagé après sa mort entre les principaux chefs de son armée.

24. *Quelles étaient les bornes, et quelle fut la durée de l'empire romain?* L'empire romain avait pour bornes le Rhin et le Danube au nord; l'Euphrate et le Tigre à l'orient; les sables de l'Afrique au midi, et l'océan Atlantique à l'occident. Après une durée de quatre siècles, cette monarchie, la plus vaste qui ait jamais existé, se démembre; de tous côtés elle est envahie par les barbares. Le colosse aux pieds d'argile s'écroule, et, de ses débris, se forment la plupart des États modernes.

25. *Quelle chronologie ont suivie les historiens latins?* Les historiens latins ont compté les années à partir de la fondation de Rome. L'ère chrétienne servira de base à notre chronologie; nous rapporterons toutes les dates aux années avant ou après J.-C.

26. *Faites voir par un exemple comment on peut rapporter les années avant J.-C. aux années de la fondation de Rome?* Carthage a été détruite 146 ans avant J.-C. Si l'on veut savoir à quelle année de la fondation de Rome se rapporte cette date, il faut déduire ce chiffre de celui de la fondation de Rome, plus 1, c'est-à-dire soustraire 146 de 754; on verra que Carthage fut détruite l'an de Rome 608. Pour savoir à quelle année avant J.-C. se rapporte l'an de Rome 608, il faut retrancher 608 de 754 : on a 146.

PREMIÈRE PÉRIODE.

LES ROIS.

(753-509, espace de 244 ans.)

[Huitième siècle avant J.-C. — 753 à 700.]

§ I. — **Romulus**, Ier roi (de 753 à 716).

Sept cent cinquante-trois voit régner Romulus.
Les Sabins sont vaincus, et leur roi Tatius,
De Rome avec les siens cimentant l'alliance,
Du premier roi romain partage la puissance.
Sénat et plébéiens, et patrons et cliens,
Chevaliers et questeurs paraissent en ce temps.

27. *Comment Romulus peupla-t-il Rome?* Romulus, pour peupler sa nouvelle ville, y ouvrit un asile où vinrent se réfugier des hommes de toutes races, Sabins, Étrusques, Latins, la plupart pâtres ou bandits, esclaves ou fugitifs, mais tous d'une valeur déterminée, et de ce mélange se forma le peuple-roi.

28. *Comment Romulus s'y prit-il pour donner des femmes aux Romains?* La ville naissante manquait de femmes. Romulus envoya aux Sabins et aux peuples voisins de Rome des députés pour leur proposer de contracter des mariages avec les Romains, et de faire alliance avec lui; mais ces députés n'ayant éprouvé que des refus, accompagnés même de railleries, Romulus résolut de recourir à la ruse.

29. *Quelle ruse Romulus employa-t-il pour*

1.

procurer des femmes a ses sujets? Il attira dans Rome, à l'occasion d'une fête, les habitans des villes voisines, et en particulier les Sabins ; puis à un signal convenu, les Romains enlevèrent de force les jeunes filles, qu'ils épousèrent.

30. *Que firent les Sabins pour venger l'enlèvement de leurs filles?* Sous la conduite de Tatius, leur roi, les Sabins vinrent assiéger la citadelle, que Tarpéia, fille du gouverneur Tarpéius, leur livra à condition que les Sabins lui donneraient ce qu'ils portaient à leur bras gauche (leur usage était d'y porter des bracelets précieux).

31. *Comment Tatius récompensa-t-il Tarpéia?* Il fit jeter sur elle et les bracelets qu'elle attendait, et les boucliers que ses soldats portaient aussi à leur bras gauche; la malheureuse Tarpéia expira sous le poids, et laissa au lieu où elle avait expié sa trahison le nom de roche Tarpéienne. Ce fut du haut de cette roche que, dans la suite, on précipita les citoyens condamnés pour crime d'État.

32. *Comment se termina la guerre des Romains avec les Sabins?* Au moment où ces deux peuples allaient se livrer un combat décisif dans le lieu qui devint plus tard le *forum*, la place publique, les Sabines ayant à leur tête Hersilie, fille de Tatius, devenue l'épouse de Romulus, se jetèrent au milieu des combattans et les désarmèrent. Les deux rois convinrent de régner ensemble, leurs peuples furent réunis, et de la ville sabine de Cures, patrie de Tatius, les Romains prirent le nom de *Quirites*. La mort de Tatius laissa, quelque temps après, Romulus seul chef des deux peuples.

33. *Comment Romulus divisa-t-il le peuple romain?* Romulus partagea le peuple romain en trois tribus et chaque tribu en dix curies. Chaque

curie avait à sa tête un prêtre nommé *Curion* qui présidait aux sacrifices.

34. *Comment partagea-t-il les terres ?* Romulus partagea les terres en trois parties inégales. La première fut destinée au service de la religion et à la construction des temples ; la seconde, aux revenus du roi et aux dépenses de l'Etat ; la troisième, et la plus considérable, fut partagée en trente lots, nombre égal à celui des curies, et chaque citoyen eut deux arpens ou plutôt deux *jugérum* (un peu plus de 50 ares.) Le *jugérum* était l'étendue de terrain qu'une paire de bœufs pouvait labourer en un jour.

35. *Comment Romulus établit-il le conseil commun de la cité ?* Romulus se fit présenter trois hommes par chaque tribu et autant par chaque curie ; à ces 99 personnes il en ajouta 1 de son choix : c'est ainsi que fut constitué le conseil commun de la cité, le sénat ; il donna aux 100 sénateurs le titre de *pères ;* leur nombre fut doublé après la réunion des Sabins avec les Romains.

36. *Comment par suite de l'établissement du sénat le peuple fut-il divisé en deux classes ?* Les descendans des sénateurs formèrent la classe des patriciens, la noblesse héréditaire, à qui furent réservés les soins de la religion et du gouvernement ; le reste du peuple forma la classe des plébéiens qui avait en partage le travail des champs, les métiers et le petit commerce.

37. *Quel lien Romulus établit-il entre les patriciens et les plébéiens ?* Pour attacher les deux ordres l'un à l'autre par un échange de services et de protection, Romulus obligea les chefs des familles patriciennes à servir de *patrons* aux plébéiens, et ceux-ci eurent une liberté entière dans le choix de leurs protecteurs. Les protégés s'appelaient *cliens*.

38. *Quels étaient les devoirs réciproques des patrons et des cliens ?* Le patron veillait aux intérêts de son client, suivait ses procès, et en toute occasion l'aidait de son crédit. Le client, de son côté, si le patron n'était pas riche, contribuait à la dot de ses filles, au paiement de ses dettes et de sa rançon s'il était prisonnier de guerre. Il était également défendu aux patrons et aux cliens de se présenter en justice pour servir de témoins l'un contre l'autre, et c'eût été un crime pour un client de soutenir un parti contraire à son patron. Le patron, tous ceux qui lui appartenaient par les liens du sang, et tous ses cliens, formaient une famille politique (*gens*) qui se désignait par le nom de son chef.

39. *Comment Romulus organisa-t-il l'armée ?* Romulus choisit dans chaque tribu 1000 hommes pour combattre à pied et 100 cavaliers : ce corps composé ainsi de 3 000 fantassins et de 300 cavaliers reçut le nom de *légion.* Ces cavaliers formèrent la garde du roi.

40. *Quel nom donna-t-on à ces cavaliers ?* On les nomma *célères*, soit du nom de leur chef, appelé *Céler*, soit à cause de leur *célérité* à exécuter les ordres qu'ils recevaient. Telle fut l'origine de l'ordre des chevaliers, intermédiaire entre les patriciens et les plébéiens. L'État leur fournissait le cheval, d'où ils furent appelés *chevaliers :* ils étaient distingués par un anneau d'or.

41. *Quelle forme de gouvernement établit Romulus ?* Le gouvernement qu'établit Romulus n'était ni purement monarchique, ni entièrement républicain : les pouvoirs étaient partagés entre l'assemblée des patriciens par curies, le sénat et le roi.

42. *Quelles étaient les prérogatives de l'assemblée par curies?* Dans les affaires importantes, tous les patriciens et leurs cliens se réunissaient dans le Forum ; là, à la majorité des suffrages, ils adoptaient les lois, décidaient de la paix ou de la guerre, recevaient les appels, nommaient aux charges publiques ou religieuses. Ces assemblées s'appelaient les *comices*.

43. *Quelles étaient les attributions du sénat?* Le sénat était le conseil du roi, il expédiait les affaires courantes et discutait les lois. En l'absence du roi, un sénateur choisi par lui gouvernait la ville.

44. *En quoi consistait le pouvoir du roi?* Le roi, élu sur la proposition du sénat par l'assemblée des 30 curies, était le généralissime, le grand-prêtre et le juge suprême ; il convoquait le sénat et l'assemblée par curies, il nommait les sénateurs, il administrait les finances par le moyen de deux *questeurs*. Durant la guerre et hors des murs, son autorité était absolue. Comme les lucumons étrusques, il était escorté de licteurs.

45. *Qui étaient les licteurs?* Les licteurs, au nombre de douze, étaient une garde spéciale qui précédait Romulus toutes les fois qu'il marchait en public. Chaque licteur était armé d'une hache d'armes, environnée de faisceaux de verges, pour désigner le droit de glaive, symbole de la souveraineté. Ils étaient chargés d'écarter la foule pour faire place au monarque.

46. *Citez quelques-unes des lois de Romulus.* 1° Romulus donna aux pères de famille un empire absolu sur les biens et sur la vie de leurs enfans : ils pouvaient de leur autorité privée les enfermer

ou même les vendre comme esclaves, et pour être
affranchi de l'autorité paternelle, il fallait que le
fils fût vendu trois fois. Le père pouvait tuer l'enfant qui naissait difforme.

2° Il était défendu de tuer un ennemi qui se rendait, et même de le vendre.

**47. *En quoi consistait la principale croyance
religieuse au temps de Romulus ?*** La principale
croyance religieuse de ces temps grossiers consistait dans les *augures* et dans les *auspices,* c'est-à-
dire dans les pronostics qu'on tirait du vol des
oiseaux ou des entrailles des animaux. Les prêtres et les sacrificateurs appelés *augures* et *arus-
pices* faisaient croire au peuple qu'ils y lisaient
distinctement les destinées des hommes.

**48. *Comment Romulus se fit-il, de ces supersti-
tions, un moyen de gouvernement ?*** Romulus voulut être le premier augure de Rome, de peur qu'un
autre, à la faveur de ces superstitions, ne s'em-
parât de la confiance de la multitude; et il défendit, par une loi expresse, qu'on fît aucune élection
et qu'on entreprît aucune guerre avant qu'on eût
consulté préalablement les *auspices.*

**49. *Quelles qualités devaient avoir les prêtres
pour être élus ?*** Les prêtres, pour être élus, devaient être âgés au moins de 50 ans : ils devaient
être instruits des lois et coutumes du pays, et ils
étaient obligés d'écrire les principaux événemens
qui arrivaient dans l'État : ainsi ils furent les premiers historiens et les premiers jurisconsultes.

**50. *Les prêtres formaient-ils à Rome un ordre
particulier ?*** Les citoyens investis de fonctions
sacerdotales formèrent bien, comme prêtres, des
colléges particuliers; mais ils ne composaient pas
un ordre à part, et ils restaient, comme sénateurs,

u magistrats, membres actifs de la société. Les chefs de chaque maison, prêtres de la famille, rendaient un culte domestique aux lares et aux pénates, tandis que les curions, au nom des curies, comme le roi au nom de l'État, accomplissaient les sacrifices publics.

51. *Quelle fut la fin de Romulus ?* Un jour, l'an 716 avant J.-C., Romulus passait la revue de ses troupes, un orage dispersa le peuple; quand il revint, le roi avait disparu. Un sénateur nommé Proculus attesta qu'il l'avait vu monter au ciel, sur le char de Mars, au milieu de la foudre et des éclairs. Il avait régné 37 ans.

52. *Quelle fut la vraie cause de la mort de Romulus ?* Romulus, oubliant qu'il n'était qu'un chef de guerre, avait voulu attirer à lui seul toute l'autorité : le sénat en fut offensé, et se défit d'un prince qui devenait trop absolu; mais pour détourner les soupçons du peuple, il lui dressa des autels après sa mort, et fit un dieu, sous le nom de *Quirinus*, de celui qu'il n'avait pas pu souffrir pour souverain.

53. *Qu'arriva-t-il après la mort de Romulus ?* Après la mort de Romulus, il y eut un interrègne de deux ans, pendant lesquels le sénat conserva l'autorité; mais le peuple demandant un roi, il fut convenu, pour accorder les Romains et les Sabins, que les premiers éliraient le roi, mais qu'ils le prendraient parmi les Sabins. Le choix tomba sur Numa Pompilius, gendre de Tatius.

ŷ II. — Numa Pompilius, 2ᵉ roi (de 714 à 671).

> Numa, pour gouverner sa nouvelle patrie,
> Prenait conseil, dit-on, de la nymphe Égérie.
> Il honora Vesta, fit un temple à Janus,
> Il réforma l'année.

54. *Qui était Numa Pompilius, successeur de Romulus ?* Numa Pompilius était un vertueux citoyen de Cures, ville des Sabins, distingué par sa justice et son respect pour les dieux.

55. *Quelle règle de conduite Numa se traça-t-il en acceptant la couronne ?* Numa, en montant sur le trône, se proposa de consolider par la paix l'existence de Rome, et d'adoucir par la religion les mœurs barbares de ses habitans.

56. *Quelles institutions religieuses Numa donna-t-il aux Romains ?* Parmi les institutions religieuses que Numa donna aux Romains, on peut citer la création des trois *Flamines*, ou prêtres de Jupiter, de Mars et de Quirinus ; ils portaient sur la tête une espèce de voile couleur de feu ; celle de vingt *Féciaux*, prêtres ou hérauts, chargés d'annoncer la paix, la guerre et les trèves ; l'élection, parmi les Sabins, de douze prêtres de Mars, appelés *Saliens*, qui, dans les processions, avaient coutume de porter, en dansant, de petits boucliers dont l'un était, dit-on, tombé du ciel, et que l'on regardait comme gage de la prospérité de l'empire ; et enfin la plus célèbre de toutes, l'institution des *Vestales*.

57. *Qui étaient les Vestales ?* Les *Vestales*, d'abord au nombre de quatre, puis de six, étaient des prêtresses vouées au culte de Vesta ; elles étaient chargées de garder le Palladium ou statue de Minerve, et d'entretenir perpétuellement le feu sacré sur l'autel. Elles faisaient vœu de chasteté.

58. *Comment et à quel âge les Vestales étaient-elles admises au sacerdoce?* Les Vestales n'étaient reçues dans le sacerdoce que depuis l'âge de 6 ans jusqu'à 10, et ne devaient avoir aucune difformité; elles passaient 10 années à s'instruire de leurs fonctions, 10 à les exercer, et autant à les enseigner. Ce temps expiré, elles pouvaient renoncer au sacerdoce et se marier.

59. *Quels priviléges accordait-on aux Vestales?* Elles avaient droit de tester sans l'assistance d'un curateur, ce qui n'était pas permis aux femmes, toujours en tutelle chez les Romains. Elles ne prêtaient point de serment; la justice devait les croire sur leur simple parole. Elles marchaient précédées d'un licteur; le trésor public payait leur entretien. Une place d'honneur leur était assignée dans les spectacles; et si elles rencontraient un criminel qu'on menât au supplice, on lui laissait la vie, pourvu qu'elles assurassent que cette rencontre était fortuite.

60. *Quelle punition infligeait-on à une Vestale qui manquait à son devoir?* Lorsqu'une Vestale laissait éteindre le feu sacré, on lui infligeait la punition des esclaves : couverte d'un simple voile, elle était battue de verges par le grand pontife; si elle manquait au vœu de chasteté, on l'enterrait toute vive. Rome, le jour d'une exécution de cette sorte, était plongée dans la tristesse.

61. *A quelle divinité Numa éleva-t-il un temple?* Numa fut le premier, dit-on, qui éleva un temple à la Bonne-Foi; il lui décerna un autel public, et annonça que le serment le plus sacré serait de jurer sur sa foi; il voulait que ce qui serait pro-

mis sans témoins fût aussi inviolable que ce qui
était juré avec toutes les formalités usitées dans les
contrats.

62. *Quel autre temple fameux bâtit encore Numa?* Il bâtit le temple de Janus, qui devait être ouvert pendant la guerre et fermé pendant la paix. On ne l'ouvrit point pendant tout son règne, qui fut de 43 ans; mais il ne fut fermé que deux fois depuis, à la fin de la première guerre punique et après la bataille d'Actium.

63. *Quelle fête solennelle institua-t-il?* Il institua une fête des plus solennelles en l'honneur du dieu Terme, afin d'inspirer à chacun le respect de la propriété d'autrui, en en consacrant les limites par la religion.

64. *Que fit Numa pour prévenir les querelles que faisait naître parmi les habitans de Rome la différence de leur origine?* La ville était partagée en deux nations, les Romains et les Sabins, ce qui faisait naître souvent des querelles : pour y mettre fin, Numa répartit le peuple en corps de métiers; par ce moyen, il s'établit entre les hommes d'une même profession une société d'intérêts qui leur fit oublier la différence de leur origine.

65. *Comment Numa honora-t-il l'agriculture?* Il partagea son petit État en plusieurs parties qu'il appela bourgs, établissant sur chacun d'eux un inspecteur qui lui rendait compte des travaux de chaque cultivateur; l'activité recevait des encouragemens, et la paresse des réprimandes, quelquefois même on lui infligeait des amendes.

66. *Quelle réforme Numa fit-il au calendrier?* L'année sous Romulus n'avait que dix mois et le

commençait au mois de mars. Numa y ajouta janvier et février. Il établit aussi des *jours fastes* et des *jours néfastes*. Dans les jours néfastes, les juges ne pouvaient donner audience et le peuple ne pouvait point s'assembler.

67. *Quelle restriction Numa apporta-t-il au pouvoir paternel?* Il abolit le droit qu'avait le père de vendre ses enfans, dans le cas où ceux-ci étaient mariés, afin que la femme qui avait épousé un homme libre ne fût pas obligée de passer sa vie avec un esclave.

68. *Que fit Numa pour donner plus de crédit à ses lois?* Numa, pour donner plus d'autorité à ses lois, feignit d'avoir des entretiens secrets avec la nymphe *Egérie*, et de n'agir en tout que par ses conseils. Il se retirait souvent seul et sans témoins dans un bois sacré, comme pour conférer avec la déesse.

*SYNCHRONISMES. VIII*ᵉ *SIÈCLE. — 747. Ère de Nabonassar. — 743. Première guerre de Messénie. — 735. Fondation de Syracuse. — 733. Déjocès fonde Ecbatane. — 720. Fondation de Sybaris. — 718. Fin du royaume d'Israël. — 713. Séthos, prêtre de Vulcain, règne en Égypte. — 710. Fondation de Crotone. — 708. Gygès règne en Lydie. — 707. Ézéchias est délivré de Sennachérib. Fondation de Tarente* (1).

[Septième siècle avant J.-C. — 700 à 600.]

69. *A quel âge Numa mourut-il?* Numa mou-

---

(1) Pour plus de détails et pour une étude approfondie de l'Histoire comparée, voir les *Tableaux chronologiques et synchroniques* d'histoire universelle, par MM. Le Clerc, chez Jules Renouard et Cie.

rut, en 671, à l'âge de 83 ans, de maladie, et fut enterré sur le mont Janicule. Il avait régné 43 ans.

---

§ III. — Tullus Hostilius, 3ᵉ roi (de 671 à 638).

Après Numa, Tullus,
Sous qui le jeune Horace illustra sa famille,
Mais souilla ses lauriers en immolant Camille.

70. *Qui succéda à Numa ?* Le successeur du roi pacifique Numa fut un prince guerrier, Tullus Hostilius, sous lequel les Romains se formèrent à la discipline militaire.

71. *Comment se termina, sous Tullus, la guerre qui s'était élevée entre les Romains et les Albains ?* Des pillages mutuels ayant amené la guerre entre les Romains et les Albains, les chefs des deux peuples, Tullus et Mettius Fuffetius, convinrent de regarder comme décisif le résultat d'un combat particulier entre six guerriers choisis dans les deux camps. Les Romains remirent leurs destinées à trois frères nommés les Horaces, et les Albains à trois frères nommés les Curiaces. Il fut convenu de part et d'autre que celui des deux peuples en faveur duquel la victoire prononcerait, exercerait sur l'autre un empire doux et modéré.

72. *Lequel des deux partis eut l'avantage ?* Deux des Horaces tombèrent percés de coups, mais le troisième tua les trois Curiaces déjà blessés : ainsi les Romains furent déclarés vainqueurs.

73. *Comment Horace, vainqueur, ternit-il l'éclat de sa victoire ?* Comme il revenait en triomphe, accompagné du peuple, et portant sur ses

épaules les dépouilles des Curiaces vaincus, il rencontra sa sœur Camille, et ne pouvant souffrir les reproches qu'elle lui faisait d'avoir tué son fiancé, il la perça de son épée.

74. *Quelles furent les conséquences de ce crime?* Horace, malgré sa victoire, fut condamné à mort par les juges appelés duumvirs, mais il en appela au peuple qui, en récompense du service qu'il venait de rendre aux Romains, et touché des larmes du vieil Horace son père, le renvoya absous.

75. *Que fit le père d'Horace, après cette faveur du peuple?* Il offrit des sacrifices aux dieux, et après avoir fait voiler la tête de son fils, il le fit passer, en forme d'expiation, sous une poutre transversale dressée à cet effet, et qui fut appelée le soliveau de la sœur.

76. *Quelle circonstance amena la destruction d'Albe?* Mettius-Fuffetius subissait avec peine la domination des Romains : il souleva secrètement contre eux les Fidénates et les Véiens, leur promettant de se joindre à eux pendant le combat. Tullus, de son côté, comptait sur son concours; Mettius, trompant les deux partis, attendit à l'écart, avec ses troupes, l'issue de la bataille. Tullus fut vainqueur; mais pour punir Mettius de sa trahison, il le fit écarteler, détruisit Albe et en transféra à Rome les habitans.

77. *Comment mourut Tullus Hostilius?* Tullus Hostilius, atteint de la peste qui alors affligeait Rome, fut brûlé, dit-on, par la foudre qui consuma son palais en 638. Il avait régné 33 ans.

§ IV. — Ancus Marcius, 4e roi (de 638 à 614).

De Numa petit-fils, Ancus bat les Latins,
Bâtit une prison, ouvre un port aux Romains.

78. *Qui succéda à Tullus Hostilius ?* Le successeur de Tullus fut Ancus Marcius, petit-fils de Numa, et remarquable, comme son aïeul, par son amour pour la justice et la religion.

79. *Quelle guerre Ancus Marcius eut-il à soutenir ?* Ancus, malgré son amour pour la paix, eut à soutenir une guerre contre les Latins qui, jaloux de l'accroissement de Rome, avaient profité de la mort de Tullus pour faire des incursions sur le territoire romain.

80. *De quelle formalité Ancus fit-il précéder les hostilités ?* Avant de déclarer la guerre aux Latins, Ancus leur envoya un fécial pour demander satisfaction ; mais cet envoyé n'ayant reçu que des réponses hautaines, lança un javelot sur le territoire ennemi, et déclara la guerre aux Latins.

81. *Quelle était la formule de déclaration de guerre ?* Telle était la formule que le fécial prononçait : « Ecoute, Jupiter ; écoutez, confins du territoire de ce peuple, je suis un envoyé public du peuple romain : ajoutez foi à mes paroles. » Il exposait ensuite l'objet de sa mission, et si l'on ne faisait pas droit à ses réclamations, il lançait un javelot sur les frontières des ennemis, et leur déclarait ainsi la guerre. Cet usage fut appelé *droit Fécial,* et se continua dans la suite.

82. *Quelle fut l'issue de la guerre contre les Latins ?* Ancus marcha contre les Latins, les défit dans plusieurs combats, leur prit plusieurs villes, et en fit passer les habitans à Rome, leur permettant de s'établir sur une montagne voisine du Ti-

, appelée le *mont Aventin*. La politique des rois de Rome était de faire passer les vaincus dans leur ville pour augmenter le nombre de leurs sujets.

83. *Comment Ancus-Marcius agrandit-il la ville?* Ancus renferma dans l'enceinte des murs de Rome, non-seulement le mont Aventin, mais encore le mont Janicule, qui était au-delà du Tibre, et il joignit les deux rives du fleuve par un pont de bois.

84. *Quelle autre augmentation Ancus fit-il à la ville de Rome?* Ancus étendit le territoire de Rome le long du Tibre jusqu'à son embouchure, près de laquelle, trouvant un emplacement favorable, il creusa le port d'Ostie.

85. *Que fit Ancus pour intimider les malfaiteurs dont le nombre s'accroissait avec la population?* Il fit construire une prison au milieu de Rome, et de manière qu'elle fût aperçue de toutes les parties de la place publique, afin d'imprimer une terreur salutaire à la licence que font naître et que favorisent les grandes villes.

86. *Comment Ancus mourut-il, et combien de temps régna-t-il?* Ancus Marcius, après un règne de 24 ans, mourut, dit-on, en 614 d'une mort prématurée, laissant la tutelle de ses deux fils à Tarquin.

---

§ V. — **Tarquin l'Ancien**, 5e roi (de 614 à 576).

Tarquin, Grec d'origine, et tuteur infidèle,
Élu roi, donne à Rome une enceinte nouvelle
Construit des aqueducs, augmente le sénat;
Aux pompes du triomphe ajoute de l'éclat;
Au peuple ouvre le cirque, et, prince octogénaire,
Sous un fer assassin termine sa carrière.

87. *Qui était Tarquin?* Tarquin dit l'Ancien

était Grec d'origine, d'une des plus illustres familles de Corinthe; né à Tarquinies, dans le pays des Etrusques, où son père s'était retiré, il était venu, sous le règne d'Ancus, s'établir à Rome avec ses richesses et ses nombreux serviteurs, s'était fait passer pour un Lucumon et avait pris le nom de Tarquin, du lieu de sa naissance.

88. *Comment devint-il le successeur d'Ancus?* Tarquin parvint à gagner la confiance du roi Ancus, qui l'attacha à sa personne et lui confia en mourant la tutelle de ses deux enfans; mais il avait aussi su se concilier la faveur populaire : il en profita pour écarter adroitement ses deux pupilles, et se faire nommer par le peuple successeur d'Ancus.

89. *Que fit Tarquin en reconnaissance de la faveur que le peuple lui avait accordée?* Tarquin, en reconnaissance de cette faveur populaire, et pour se maintenir sur le trône, éleva au rang de patriciens et de sénateurs cent des plébéiens les plus distingués. On leur donna le nom de sénateurs du second ordre, *patres minorum gentium,* pour les distinguer des premiers sénateurs, appelés sénateurs du premier ordre, *patres majorum gentium.* Le nombre des sénateurs fut ainsi porté à trois cents, et y resta fixé pendant plusieurs siècles. Tarquin créa aussi trois nouvelles centuries de chevaliers.

90. *Quelles guerres Tarquin l'Ancien eut-il à soutenir?* Tarquin l'Ancien vit successivement, et à plusieurs reprises, les Latins, les Sabins, et peut-être même les Etrusques, se soulever contre lui. Au lieu de se réunir contre un ennemi commun, ces peuples se laissèrent accabler l'un après l'autre; et ces guerres, heureuses pour Rome, lui valurent un nouvel accroissement de territoire.

SYNCHRONISMES. VIIᵉ SIECLE. — 694. *Mort d'Isaïe.* — 682. *Deuxième guerre de Messénie.*—680. *Prise de Babylone par Asar-Haddon.* — 656. *Psamméticus ouvre l'Égypte aux Grecs.—655. Cyaxare, roi des Mèdes, chasse les Scythes.* — 631. *Fondation de Cyrène en Afrique.* —625. *Prise de Ninive et fondation du second empire assyrien.* — 624. *Législation de Dracon.* — 617. *Néchao, roi d'Égypte.*— 605. *Prise de Jérusalem par Nabuchodonosor et première transmigration des Juifs à Babylone.* — 601. *Éclipse prédite par Thalès.*— 600. *Fondation de Marseille.*

[Sixième siècle avant J.-C. — 600 à 500.]

91. *Qu'envoyèrent les Etrusques à Tarquin?* Les Etrusques, soit en signe de soumission, soit comme présens seulement, envoyèrent à Tarquin les marques de souveraineté qui chez eux distinguaient les rois savoir : une couronne d'or, une chaise curule ou trône d'ivoire, un sceptre surmonté d'un aigle, un manteau de pourpre brodé en or et une robe de fond pourpré, de diverses couleurs, semblable en tout à celle des rois asiatiques de Perse et de Lydie.

92. *Quelles innovations signalèrent le règne de Tarquin?* C'est sous le règne de Tarquin l'Ancien que se déploya un luxe inconnu aux Romains des premiers temps, et que s'introduisirent à Rome les arts et les costumes étrusques : les manteaux de guerre, la tunique à palme, les colliers, et la robe prétexte dont les bords étaient ornés de pourpre et que portèrent les sénateurs, les magistrats et les jeunes patriciens pour se distinguer du reste du peuple.

93. *Quel éclat Tarquin l'Ancien ajouta-t-il à la cérémonie du triomphe?* Précédemment le vainqueur marchait à pied, précédé des dépouilles prises sur l'ennemi, Tarquin fut le premier qui introduisit l'usage de monter pour la cérémonie du triomphe, dans un char attelé de quatre chevaux blancs, et de porter une robe semée de fleurs d'or.

94. *Quelle grande émigration de Gaulois eut lieu en Italie pendant que Tarquin l'Ancien régnait à Rome?* Vers l'an 590 des bandes nombreuses de Gaulois franchirent les Alpes et vinrent s'établir sous la conduite de Bellovèse dans l'Italie septentrionale ; cette émigration continua pendant 67 ans, et détruisit la domination étrusque dans le nord de l'Italie qui prit le nom de Gaule cisalpine.

95. *Quels embellissemens Tarquin l'Ancien fit-il à Rome?* Il construisit un *cirque* entre le mont Aventin et le mont Palatin, pour les spectacles et les jeux apportés de l'Etrurie. Ce cirque était divisé en trente parties, de manière que chaque curie eût sa place. Tarquin dessécha le Forum, l'entoura de portiques, et prépara aussi les fondemens du *Capitole.*

96. *Quels ouvrages d'utilité publique fit-il encore exécuter?* Il entoura Rome d'une nouvelle enceinte en pierres, construisit des aqueducs, et fit creuser des égouts qui subsistent encore aujourd'hui.

97. *Quand et comment mourut Tarquin l'Ancien?* Les deux fils d'Ancus, irrités non-seulement de s'être vus exclure du trône par leur tuteur, mais aussi de ce qu'il se préparait un successeur dans la personne de son gendre, *Servius Tullius,* apostèrent deux pâtres qui se prirent de querelle dans le voisinage de la demeure royale. Le roi les fit appeler; l'un prenant la parole attira l'attention du prince, l'autre saisit ce moment pour lui fendre la tête d'un coup de hache, l'an 578 avant J.-C. Il laissa deux petits-fils en bas âge : Lucius Tarquin et Aruns Tarquin.

§ **VI.** — **Servius Tullius,** 6ᵉ roi (de 578 à 534).

> Successeur de Tarquin, Servius Tullius
> Fit aimer aux Romains son règne et ses vertus·
> Politique, il changea le mode de suffrage,
> Et voulut que le serf pût sortir d'esclavage.
> Il fit battre monnaie, il établit le cens
> Et fut assassiné par l'un de ses enfans.

98. *Quel fut le successeur de Tarquin l'Ancien?* Le successeur de Tarquin l'Ancien fut Servius Tullius, né dans la maison de Tarquin-l'Ancien, d'une mère noble, qui, après la ruine des villes latines, était devenue esclave de Tarquin. Il fut appelé *Tullius*, du nom de son père, et *Servius*, pour marquer l'état de servitude dans lequel il naissait.

99. *Comment Servius Tullius parvint-il au trône?* Tanaquil, femme de Tarquin l'Ancien, cacha au peuple la mort de son époux : elle annonça que le roi avait reçu, à la vérité, une blessure grave, mais non mortelle; qu'il ne tarderait probablement pas à se montrer au peuple, et que, en attendant, il ordonnait d'obéir à son gendre, qu'il chargeait de remplir provisoirement toutes les fonctions de la royauté. Servius ayant gouverné pendant quelques jours au nom du roi et voyant son autorité affermie, annonça enfin la mort du roi Tarquin, et continua de régner, ne prenant toutefois que le titre de tuteur des petits-fils de Tarquin.

100. *Comment Servius Tullius se fit-il conférer le titre de roi?* Les sénateurs voulaient s'opposer à l'usurpation de Servius Tullius; mais celui-ci, déjà aimé de la multitude, convoqua le peuple dans le Forum sans consulter le sénat, présenta les deux petits-fils de Tarquin, qu'il plaça sous la protection du peuple romain , et se fit proclamer roi.

101. *Quelle longue guerre eut à soutenir Servius Tullius?* Servius fit pendant 20 ans la guerre aux Etrusques, les battit fréquemment, et les contraignit, en 551, à faire alliance avec lui; il rentra trois fois dans Rome en triomphe.

102. *Quelle nouvelle division Servius fit-il du territoire et du peuple romain ?* Les conquêtes successives des rois ayant augmenté le territoire de Rome et le nombre de ses habitans, Servius partagea la ville en 4 quartiers, et le peuple en 19 tribus, dont 4 urbaines, la Suburrane, l'Esquiline, la Colline, la Palatine, qui correspondaient aux 4 quartiers. Les 15 autres furent les tribus rustiques. Puis il ordonna un dénombrement.

103. *Comment se fit ce dénombrement ?* Chaque citoyen fut obligé, sous les peines les plus sévères, de déclarer son nom, son âge, sa profession, sa fortune, le nombre de ses enfans et de ses esclaves. Ce dénombrement ou *cens* devait se renouveler tous les 5 ans (1).

104. *Combien compta-t-on de citoyens romains et comment Servius les divisa-t-il?* Il se trouva dans Rome et aux environs, sans compter les esclaves, plus de 80,000 citoyens en état de porter les armes (en les comptant depuis l'âge de 17 ans). Servius Tullius les répartit en 6 classes d'après leur fortune : ces classes étaient divisées elles-mêmes en un nombre différent de centuries.

____

(1) Le dénombrement était suivi d'un sacrifice expiatoire, et le nom de *lustrum, lustre,* a signifié tout à la fois et cette solennité religieuse qui se célébrait tous les cinq ans, et l'intervalle de 5 ans qui séparait une solennité de l'autre, et le dénombrement lui-même qui se faisait à la fin de chacun de ces intervalles.

105. *Quel était le nombre total de ces centuries ?* Les 6 classes formaient en tout 193 centuries, la première à elle seule en contenait 98 ; les quatre classes suivantes en contenaient ensemble 94. Enfin la sixième classe n'avait qu'une centurie ; elle renfermait les plus pauvres citoyens. On les appelait *prolétaires*, comme n'étant utiles à la patrie que par les enfans qu'ils lui donnaient, ou *exempts*, parce qu'ils étaient exempts d'impôts et dispensés d'aller à la guerre.

106. *Quelle distinction faisait-on entre les membres des cinq premières classes ?* Dans chacune des cinq premières classes on distinguait les plus jeunes, les *juniores*, de 17 à 45 ans qui composaient l'armée active, et les plus âgés, les *seniores*, qui gardaient la ville.

107. *Où s'assemblait le peuple par centuries ?* L'organisation des centuries était toute militaire ; c'était en armes, hors de la ville, dans le Champ-de-Mars, qu'elles se réunissaient, non pas à l'appel des licteurs, comme les comices par curies, mais au son des trompettes. Toutefois il fallait auparavant prendre les auspices, et par là les comices par centuries étaient encore dans la dépendance des augures patriciens.

108. *Quelle manière de voter Servius établit-il et quelle en fut la conséquence ?* Servius décréta que ce serait par centurie que se compteraient les suffrages pour décider de la paix ou de la guerre, nommer aux charges et faire les lois : or chaque centurie avait une voix ; la première classe, composée de 98 centuries, avait 98 voix sur 193, c'est-à-dire la majorité. Servius, comme Solon, donna donc toute l'autorité aux plus riches, qui étaient

2.

les moins nombreux : il remplaça l'aristocratie de naissance par une aristocratie de richesse.

109. *Comment Servius proportionna-t-il les charges des riches à leurs droits ?* Les plus riches eurent la plus lourde part de l'impôt. La première classe payait une somme égale à celle que payaient ensemble les quatre classes suivantes et ceux qui la composaient devaient se pourvoir d'un équipement militaire plus complet et plus cher ; ils étaient assujettis à un service plus fréquent et plus pénible.

110. *Quel avantage les plébéiens retirèrent-ils de cette nouvelle organisation politique ?* Dans l'ancien ordre de choses, les plébéiens n'étaient rien dans l'Etat, ils ne pouvaient aspirer qu'à être les cliens d'un patricien ; dans cette nouvelle organisation politique, ils furent comptés pour quelque chose, ils étaient citoyens, ils pouvaient, en s'enrichissant, monter de classe en classe et prendre une plus grande part aux affaires de l'Etat ; mais surtout, formant une classe, ils purent s'entendre, s'appuyer les uns sur les autres et se préparer à cette lutte de plusieurs siècles, qu'ils ont soutenue contre les riches pour obtenir l'égalité des droits politiques.

111. *Quelle modification Servius apporta-t-il a l'esclavage ?* Servius Tullius fit sentir aux Romains que cet état d'esclave, si contraire à la nature, ne devait point être éternel, qu'il convenait d'affranchir de l'esclavage ceux qui s'en rendraient dignes, que les affranchis augmentant la population de Rome, augmentaient ainsi les forces de l'État, et les affranchis furent admis au nombre des citoyens romains.

112. *Comment un esclave pouvait il devenir*

affranchi? Un esclave devenait affranchi de trois manières : ou lorsque son maître le faisait inscrire sur le registre du cens, ou bien lorsqu'il lui rendait la liberté par une volonté testamentaire, ou bien (et c'était la forme la plus ordinaire) lorsque, en présence d'un magistrat, il lui donnait un petit soufflet sur la joue.

113. *En quoi consistait la monnaie des Romains, et quel changement Servius .Tullius y apporta-t-il?* La monnaie des Romains consistait en fragmens informes de cuivre ou de plomb, mais d'un poids déterminé. Servius Tullius y fit graver l'image d'une brebis (*pecus*), d'où est venu à la monnaie le nom de *pecunia*, mot latin qui a formé en français le mot *pécuniaire*.

114. *Comment Servius Tullius agrandit-il la ville de Rome?* Servius Tullius, pour agrandir la ville, enferma dans son enceinte, connue depuis sous le nom d'*enceinte de Servius-Tullius*, les sept collines sur lesquelles elle fut assise, savoir : le mont *Palatin*, où elle fut commencée ; le mont *Capitolin*, où était la citadelle ; les monts *Quirinal* et *Cælius*, enfermés dans son enceinte par Romulus et Tatius ; le mont *Aventin*, par Ancus-Marcius ; enfin les monts *Viminal* et *Esquilin*, par Servius-Tullius. Une huitième montagne, le mont *Janicule*, était jointe à la ville par le pont qu'avait fait construire Ancus Marcius.

115. *Quel moyen Servius employa-t-il pour faire de Rome la métropole du Latium?* Servius, voulant faire de Rome le centre et la métropole du Latium, persuada aux peuples latins de s'unir à elle par une sorte de lien religieux, et ils bâtirent à frais communs avec les Romains sur l'Aventin, un temple de Diane où tous les ans les dé-

putés des villes alliées se réunissaient pour célébrer les *féries latines.*

116. ***Quelle opinion l'histoire donne-t-elle de
Servius Tullius?*** L'histoire regarde Servius Tullius comme un prince sage et un profond politique,
qui sut rétablir, sans contrainte et sans secousse,
la bonne harmonie entre le pauvre et le riche; il
transporta, il est vrai, toute l'autorité entre les
mains des riches, mais le pauvre fut presque entièrement déchargé des subsides, et, pour le riche,
les avantages du pouvoir compensèrent le fardeau
des taxes.

117. ***Quels époux Servius donna-t-il a ses deux
filles?*** Les deux filles de Servius épousèrent les
deux petits-fils de Tarquin-l'Ancien, Lucius et
Aruns; mais l'ambitieuse Tullie était mariée à
Aruns le plus doux des deux frères, et sa sœur à
l'orgueilleux et cruel Lucius. La ressemblance des
caractères rapprocha les méchans, Tullie se débarrassa par le poison de son mari et de sa sœur pour
épouser Lucius.

118. ***Comment mourut Servius?*** Lucius Tarquin, excité par sa femme, convoqua le sénat et
réclama la couronne de son aïeul. Informé de ce
qui se passait, Servius se rendit au sénat, mais
Tarquin le précipita du haut des degrés en pierre,
et le fit tuer par ses affidés. Tullie accourant pour
saluer roi son époux, fit rouler son char sur le
corps sanglant de son père. La rue en garda le
nom de *voie du crime.* Ainsi périt ce grand roi
après un règne de 44 ans.

⚜ VII. — Tarquin le Superbe, 7ᵉ roi (de 534 à 509).

Tarquin deux par un crime est monté sur le trône;
Moins en roi qu'en tyran il perde la couronne;
Bâtit le Capitole, embellit la cité;
Se fait chasser de Rome et perd la royauté.

119. *Quel fut le successeur de Servius Tullius ?* Le successeur de Servius Tullius fut Tarquin, son gendre et son meurtrier, que son orgueil, ses cruautés et sa tyrannie ont fait surnommer le *Superbe*.

120. *Comment se conduisit Tarquin le Superbe, après la mort de Servius Tullius ?* Il s'empara de la royauté comme d'un patrimoine, traitant avec la même hauteur le peuple qui regrettait Servius-Tullius, le sénat qui avait favorisé le complot tramé contre lui, et ne les consultant ni l'un ni l'autre sur aucune affaire. Il s'entoura de soldats étrangers qu'il payait avec l'or de Rome, ne se montra que rarement en public, et de crainte qu'une sédition n'éclatât, il défendit toute espèce d'assemblée.

121. *Que fit Tarquin-le-Superbe après s'être ainsi affermi sur le trône ?* Tarquin le Superbe, après s'être affermi sur le trône, se débarrassa par la mort ou par l'exil de tous les sénateurs qui lui paraissaient suspects ou qui possédaient une grande fortune : il confisqua leurs biens; il suspendit les lois de Servius, et rétablit l'égalité des taxes sans tenir compte de l'inégalité des fortunes, ce qui opprima tout à fait les plébéiens.

122. *Que fit Marcus Junius, surnommé Brutus, pour se soustraire à la cruauté du roi ?* Marcus Junius, fils de la sœur de Tarquin le Superbe, craignant de subir le sort de son père et de son frère, que le roi avait fait périr et qu'il avait dépouillés de leurs biens, contrefit l'insensé; ce qui lui fit donner le surnom de Brutus, et le mit à l'abri des soupçons du roi.

123. *Quelles guerres Tarquin le Superbe eut-il à soutenir?* Tarquin le Superbe étant parvenu à former une ligue des villes du Latium, dont il se fit nommer le général, marcha contre les Sabins et surtout contre les Volsques, qui avaient refusé son alliance et qui avaient ravagé la campagne de Rome. Le siége de Gabies, dont il s'empara par la ruse de son fils Sextus, et celui d'Ardée, capitale des Rutules, sont les faits les plus importans de cette guerre.

124. *Quelle ruse employa Sextus, fils de Tarquin le Superbe, pour s'emparer de Gabies?* Sextus, irrité de ce que la ville de Gabies résistait aux armes de Tarquin, se retira chez les Gabiens, feignant de vouloir se soustraire à la dureté de son père; les Gabiens l'accueillirent avec bonté, et lui confièrent même le commandement de la ville; Sextus alors, trahissant à la fois et la confiance des Gabiens et les droits de l'hospitalité, envoya secrètement à son père un des siens pour lui demander ce qu'il convenait de faire. Tarquin le Superbe, sans donner aucune réponse à l'envoyé, se contenta d'abattre en sa présence, dans son jardin, les têtes des pavots les plus élevés. L'envoyé, ennuyé d'attendre, s'en retourna près de Sextus, et lui raconta ce que le roi venait de faire. Sextus comprit ce que son père désirait, il fit mourir les premiers citoyens de la ville et livra Gabies aux Romains.

125. *Sous quel prétexte Tarquin le Superbe assiégea-t-il Ardée, et quel crime Sextus commit-il* pendant ce siége ? Tarquin le Superbe assiégea Ardée sous prétexte que cette ville avait accueilli des Romains exilés, et qu'elle travaillait à les rétablir. Ce fut pendant ce siége que Sextus se rendit à Collatie et y outragea Lucrèce, femme de Tarquin Collatin, son parent.

126. *Quelles furent les suites de cet outrage fait à Lucrèce ?* Lucrèce envoya prier son père Lucrétius et son mari Collatin, qui étaient au siége d'Ardée, de venir la trouver accompagnés chacun d'un ami fidèle; ils accoururent avec Valérius et Brutus; Lucrèce leur raconta alors l'outrage dont elle venait d'être la victime, leur déclara qu'elle ne pouvait survivre à son déshonneur, et, tirant un poignard qu'elle tenait caché sous sa robe, elle se donna la mort.

127. *Que fit Brutus à la vue de ce triste spectacle ?* Brutus, reprenant son énergie et la force de caractère qu'il avait dissimulée, se saisit du poignard ensanglanté, jura de poursuivre la vengeance de Lucrèce sur Tarquin, sur sa femme, sur toute sa race, et de ne souffrir que personne régnât désormais sur les Romains. Il fit porter le corps de Lucrèce sur la place de Collatie, appela aux armes toute la jeunesse, marcha vers Rome, harangua le peuple, lui rappela les crimes de Tarquin et de sa femme, et fit prononcer le bannissement du roi et de toute sa famille.

128. *Que fit le roi, informé de cette sédition ?* Tarquin le Superbe, informé de cette sédition, accourut à Rome, mais il trouva les portes de la ville fermées, et reçut la notification de son bannissement perpétuel (509). Il occupait le trône depuis 24 ans. En lui finit la royauté à Rome.

129. *Quel monument et quels embellissemens*

Rome doit-elle à Tarquin le Superbe? Tarquin le Superbe s'était occupé d'achever les monumens commencés par son aïeul; il conduisit les égouts jusqu'au Tibre, entoura de portiques, sous lesquels on fut à couvert, l'amphithéâtre élevé par Tarquin l'Ancien, et construisit le *Capitole*, temple devenu à jamais célèbre!

130. *Quel était ce temple, et à quelles divinités était-il consacré?* Ce temple, bâti sur le mont Tarpéien, était un vaste édifice de 70 mètres de long sur une largeur à peu près égale, sa façade, tournée vers le midi et vers la grande place de Rome, avait trois rangs de colonnes et les faces latérales en avaient deux. Un péristyle l'entourait, on y montait par un escalier de 100 marches d'une extrême largeur. Cet édifice, consacré à Jupiter, à Minerve et à Junon, était plutôt la réunion sous un même toit de trois temples, dont celui de Jupiter occupait le milieu et dominait les deux autres.

131. *D'où vient qu'on a donné à ce temple le nom de Capitole?* Ce temple fut appelé *Capitole*, parce qu'en creusant les fondemens, on trouva une tête d'homme (*caput*, tête) dans le même état que si elle venait d'être coupée; signe, dirent les augures, que ce temple serait la tête du monde.

132. *D'où venaient ces livres sibyllins que Tarquin le Superbe fit, dit-on, déposer dans le Capitole?* Pendant qu'on bâtissait le Capitole, une femme, que l'on croit être la sibylle de Cumes en Italie, vint proposer au roi de lui vendre neuf volumes d'oracles sibyllins; le roi lui refuse le prix élevé qu'elle demande; celle-ci brûle trois de ces volumes, et revient proposer au roi les six autres au même prix que les neuf; repoussée avec mépris, elle en jette trois autres au feu, et revient propo-

ser les trois derniers toujours pour le même prix, déclarant au roi que, s'il les refuse, ils subiront le même sort que les six premiers. Tarquin, surpris de sa persévérance, achète ces trois volumes, après avoir consulté les augures, et les fait enfermer dans un coffre de pierre et placer sous la voûte du Capitole.

133. *Quel usage fit-on de ces livres sibyllins, et par qui furent-ils gardés?* On ne consultait ces livres que dans les périls extrêmes, dans les occasions de la plus haute importance et par l'ordre du sénat. Le dépôt en fut confié à deux patriciens, et en outre à deux officiers publics chargés d'y veiller. Dans la suite, quinze patriciens des plus distingués furent préposés à la garde de ce dépôt.

134. *Combien de temps a duré cette première époque de l'histoire romaine et par combien de rois Rome a-t-elle été gouvernée?* Cette première époque de l'histoire romaine a duré 244 ans pendant lesquels Rome a été gouvernée par sept rois, à savoir : Romulus, Numa Pompilius, Tullus Hostilius, Ancus Marcius, Tarquin l'Ancien, Servius Tullius et Tarquin le Superbe.

DEUXIÈME PÉRIODE.

RÉPUBLIQUE.

(509-31, espace de 478 ans.)

PREMIÈRE PARTIE.

CONQUÊTES DANS L'ITALIE.

(509-264, espace de 245 ans.)

§ I. — Institution du consulat, de la dictature et du tribunat.

Vers cinq cent les consuls, des rois prenant la place,
Proscrivent des Tarquins et le nom et la race;
Brutus condamne à mort ses coupables enfans;
Il combat les Tarquins, succombe; et triomphans
Les Romains par un deuil honorent sa mémoire.
Aux Tarquins Porsenna veut rendre la victoire :
Il prend le Janicule; arrêté par Coclès
Il admire Scévole et demande la paix.
A Porsenna Clélie est donnée en otage,
Et Rome de sa fuite honora le courage.

135. *Quelle forme de gouvernement établit-on
dans Rome après l'abolition de la royauté?* Après
que la royauté eut été abolie, les lois de Servius furent remises en vigueur, et l'on substitua au roi deux
magistrats annuels élus par le peuple assemblé par
centuries, mais choisis seulement parmi les patriciens. Ils prirent le nom de *consuls*. Les deux premiers furent Junius Brutus, fondateur de la

liberté, et Tarquinius Collatinus, époux de Lucrèce. Pour remplir les vides que la cruauté de Tarquin avait faits dans le sénat, Brutus y admit les hommes les plus distingués de l'ordre équestre (1).

136. *Quel triste exemple de fermeté le consul Brutus donna-t-il ?* Les députés que Tarquin avait envoyés à Rome pour réclamer ses biens formèrent, en sa faveur, une conspiration dans laquelle se laissèrent entraîner les fils mêmes de Brutus. Celui-ci, pour intimider les partisans de Tarquin-le-Superbe, et donner lui-même l'exemple de la fermeté aux magistrats, condamna à mort et fit exécuter en sa présence ses deux fils. Le sénat abandonna au peuple le pillage des biens de Tarquin.

137. *Pourquoi Tarquinius Collatinus fut-il forcé d'abdiquer le consulat?* Tarquinius Collatinus fut forcé d'abdiquer le consulat parce que, loin d'imiter la fermeté de Brutus, son collègue, il paraissait agir trop faiblement contre les Tarquins ses parens, qui faisaient tous leurs efforts pour remonter sur le trône.

138. *Par qui Tarquinius Collatinus fut-il remplacé dans le consulat?* Tarquinius Collatinus fut remplacé dans le consulat par M. (2) Valérius, qui,

---

(1) Ces nouveaux sénateurs furent appelés *conscrits*, c'est-à-dire inscrits avec les anciens sénateurs, qui seuls s'appelaient proprement *pères*. On a d'abord dit : *les pères et les conscrits*, puis on a appelé *pères conscrits* tous les sénateurs indistinctement.

(2) *M.* c'est-à-dire *Marcus*. Le prénom indiquait l'individu, on n'en écrivait que l'initiale; le nom, ordinairement terminé en *ius*, indiquait la famille; le surnom (*cognomen*), donné d'abord pour quelque cause particulière à l'individu, passait à ses descendans et désignait les branches collatérales d'une même famille. Dans *Marcus Valérius Publicola*, *Marcus* est le prénom; *Valérius*, le nom; *Publicola*, le surnom.

après avoir été quatre fois consul, mourut si pauvre que ses funérailles durent être faites aux dépens de la république. Les lois qu'il proposa en faveur du peuple lui méritèrent le surnom de *Publicola* (ami du peuple).

139. *Quelles sont les lois que Valérius Publicola proposa en faveur du peuple?* Valérius Publicola fit ordonner que les haches ne seraient unies aux faisceaux que hors des murs de la ville, et il les fit baisser devant le peuple dans les assemblées.

Il fit établir le droit d'appeler au peuple de tout jugement criminel prononçant la mort, le fouet ou même une simple amende.

Il fit défendre, sous peine de la vie, d'exercer aucune magistrature avant d'y avoir été autorisé par le peuple.

Il fit permettre à tout particulier, muni d'une preuve convaincante, de mettre à mort quiconque aspirerait au pouvoir souverain.

Enfin il fit ordonner que le trésor public serait déposé dans le temple de Saturne, et que l'élection de deux trésoriers nommés *questeurs* serait faite par le peuple.

140. *Quels peuples prirent d'abord les armes en faveur des Tarquins?* Les premiers peuples qui prirent les armes en faveur des Tarquins furent les Véiens et les Tarquiniens, qui furent vaincus dans un combat où Brutus et Aruns, fils de Tarquin, se donnèrent mutuellement la mort en se précipitant l'un sur l'autre.

141. *Quels honneurs funebres rendit-on à Brutus?* Le corps de Brutus, orné de couronnes, fut porté avec honneur par les plus distingués d'entre les chevaliers ; le sénat sortit de la ville et alla au-devant de lui dans tout l'appareil du triomphe ; le consul Valérius, du haut de la tribune, prononça son oraison funèbre, la première dont il soit parlé dans l'histoire de Rome, et les dames romaines portèrent son deuil pendant un an.

142. *Quel roi Tarquin intéressa-t-il ensuite à sa cause ?* Tarquin intéressa ensuite à sa cause Porsenna, roi de Clusium, en Etrurie, qui, avec une armée considérable, vint assiéger Rome.

143. *Comment se distingua Horatius Coclès dans la guerre que Porsenna fit aux Romains ?* Horatius surnommé *Coclès* (le Borgne), parce qu'il avait perdu un œil dans un combat, fit des prodiges de valeur dans la guerre que Porsenna fit aux Romains ; seul, il défendit, tandis qu'on le coupait derrière lui, le pont de bois par lequel les ennemis voulaient pénétrer dans la ville ; et après la rupture de ce pont, il se jeta tout armé dans le Tibre et revint à Rome.

144. *Que fit Mucius Scévola après avoir attenté aux jours de Porsenna, roi d'Etrurie, campé devant Rome ?* Mucius Scévola s'était rendu dans le camp de Porsenna dans l'intention de tuer ce roi ; mais par méprise il ne tua que son secrétaire ; il fut aussitôt arrêté, et afin de montrer son mépris pour la mort, il mit sur un brasier ardent la main qui avait manqué le coup, s'écriant : *Je suis Romain, je sais souffrir ;* sa constance fit une telle impression sur le roi, que celui-ci demanda la paix.

145. *Que fit une jeune fille romaine nommée Clélie ?* La jeune Clélie ne se fit pas moins remarquer dans cette guerre : donnée en otage à Porsenna, elle trompa la vigilance des gardes, traversa le Tibre à la nage au milieu des traits qu'on lui lançait de toutes parts, et revint à Rome. Les Ro-

mains la renvoyèrent à Porsenna, mais il la leur rendit en lui faisant présent d'un cheval richement équipé. Le sénat, pour honorer son courage, lui fit ériger, au haut de la voie Sacrée, une statue équestre.

SYNCHRONISMES. VIe SIÈCLE. — 593. *Solon, législateur.* — 590. *Sigovèse, frère de Bellovèse, conduit des bandes de Gaulois en Germanie.* — 587. *Fin du royaume de Juda.* — 562. *Daniel.* – 561. *Pisistrate s'empare du pouvoir à Athènes.* — 550. *Pythagore réforme Crotone.* — 547. *Bataille de Thymbrée.* — 536. *Fondation de l'empire des Perses par Cyrus. Fin de la captivité des Juifs.* — 525. *Cambyse soumet l'Egypte.* — 522. *Darius, roi de Perse.* — 516. *Esdras achève le temple de Jérusalem.* — 510. *Hippias banni d'Athènes.* — 504. *Révolte de l'Ionie. Commencement des guerres médiques.*

[Cinquième siècle avant J. C. — 500 à 400.]

Dans le siècle cinquième ont paru dictateurs,
Ediles et tribuns, décemvirs et censeurs.
Coriolan se venge, aux Romains fuit la guerre,
Mais ne peut résister aux larmes de sa mère.

146. *Quel fut l'état de Rome pendant la première moitié du* V^e *siècle avant Jésus – Christ?* Rome victorieuse au-dehors, mais sans prendre d'accroissement, fut en proie à des discordes civiles, qui naquirent de la lutte perpétuelle des plébéiens contre les patriciens.

147. *Résumez les avantages dont jouissaient les patriciens et qui excitaient la jalousie des plébéiens.* Les patriciens gouvernaient l'État, parce qu'ils composaient le sénat; avaient toute l'influence dans les assemblées par centuries, parce qu'ils avaient la richesse; dominaient par la religion, parce que, seuls, ils étaient prêtres et augures. Ils ne se mariaient qu'entre eux; seuls ils avaient le droit d'images, c'est-à-dire le droit de conserver les images de tous leurs ancêtres et de les porter processionnellement aux funérailles de chaque membre de la famille. Ils remplissaient toutes les charges, et comme ils fournissaient à l'armée tous ses chefs, ils avaient la plus grande part dans le butin.

148. *Comment s'accroissait surtout la richesse des patriciens ?* Le sénat seul disposait des terres conquises sur l'ennemi; il en faisait deux parts, l'une était rendue aux anciens habitans ou assignée à des citoyens romains, l'autre, et sans doute la plus considérable, était vendue ou affermée au profit de l'Etat. Si ces terres étaient vendues, les patriciens trouvaient toujours le moyen de se les faire adjuger; si elles restaient dans le domaine public, c'est à eux qu'elles étaient affermées, et cessant bientôt de payer leur redevance ils devenaient de fermiers propriétaires.

149. *Quelle était au contraire la situation des plébéiens ?* Les plébéiens étaient généralement pauvres, ce qui s'explique aisément, quand on considère qu'il n'y avait chez les Romains que deux professions honorables qui les fissent subsister, l'agriculture et la guerre; ils vivaient donc ou de la récolte de leurs champs en temps de paix, ou du butin pris sur l'ennemi en temps de guerre. Toute autre profession était abandonnée aux esclaves ou aux étrangers. Or, comme en temps de guerre tout Romain était soldat, il arrivait que son champ n'était pas cultivé pendant son absence, ou que la récolte ayant manqué dans les années stériles, il tombait dans la misère en rentrant dans ses foyers, si la guerre avait été infructueuse ou si l'ennemi avait pillé son patrimoine.

150. *Que faisaient alors les plébéiens pour subvenir à leurs besoins ?* Les plébéiens, dans cet état de dénûment, faisaient des emprunts aux patriciens ; mais ceux-ci ne leur donnaient d'argent qu'à de grosses usures ; encore fallait-il que l'emprunteur engageât son petit héritage, et les lois de ce temps permettaient au créancier, faute de paiement, d'arrêter son débiteur et de le retenir comme esclave. Souvent même, on exigeait le principal et les intérêts à coups de fouet et à force de tourmens.

151. *A quels moyens les plébéiens eurent-ils recours pour soulager cet état d'oppression ?* Accablés de dettes, dépouillés de leur faible patrimoine et ne sachant plus comment éviter les mauvais traitemens, ils s'adressèrent à leurs patrons, leur représentant qu'après avoir combattu pour la défense de la liberté, ils se trouvaient exposés à devenir les esclaves de leurs concitoyens ; des plaintes ils passèrent aux menaces.

152. *Les Tarquins profitèrent-ils de cette lutte entre les patriciens et les plébéiens ?* Le vieux Tarquin crut que ces dissensions intestines lui offraient une occasion favorable ; il mit dans ses intérêts et il souleva contre les Romains la puissante confédération des trente villes latines.

153. *Que firent les consuls dans cette conjoncture ?* Les consuls T. Lartius et Q. Clélius appelèrent le peuple aux armes ; mais les plus pauvres, et surtout ceux qui étaient chargés de dettes, refusèrent de s'enrôler et menacèrent d'abandonner la ville, si, par un sénatus-consulte , on n'abolissait toutes les dettes.

154. *Que fit le sénat en présence du danger qui menaçait la république ?* Le sénat s'assembla aus-

sitôt, et après une longue délibération, il proposa de créer un magistrat suprême également au-dessus du sénat et de l'assemblée du peuple, avec une autorité absolue.

155. *Quel nom donna-t-on à ce magistrat, et quelles étaient ses attributions ?* Ce magistrat fut appelé *dictateur;* ses fonctions ne pouvaient durer plus de six mois : il avait droit de vie et de mort sur tous les citoyens, de quelque rang qu'ils fussent, et sa décision était sans appel; les fonctions des autres magistrats cessaient ou lui étaient subordonnées; il prenait le nom de *maître du peuple,* il se donnait pour commander la cavalerie sous ses ordres un lieutenant qu'on appelait le *maître de la cavalerie.*

156. *De qui le dictateur tenait-il ses pouvoirs?* Le sénat seul décidait du moment où il convenait de nommer un dictateur, et il faisait connaître sa décision par un décret; l'élection de ce magistrat se faisait toujours par les consuls ; elle n'avait lieu que dans les grands périls.

157. *Quelle était la formule du décret que rendait alors le sénat ?* La formule du décret était : *Videat consul ne quid detrimenti capiat respublica.* « Que le consul veille à ce que la république n'éprouve aucun dommage. »

158. *Qui fut le premier dictateur, et que fit-il?* Le premier dictateur fut Titus Lartius, homme connu pour allier la fermeté à la modération. Il chercha d'abord à imprimer au peuple la crainte et le respect; pour lui donner une juste idée de l'importance de sa charge, il fit rejoindre aux faisceaux les haches que Valérius Publicola en avait détachées, et doubla le nombre des licteurs ; puis il fit

3.

lui-même le dénombrement du peuple, et après s'être choisi un maître de la cavalerie, il fit une trève d'un an avec les Latins, et avant que le temps de sa magistrature fût expiré, il se démit de son pouvoir, qu'il avait exercé sans commettre aucun acte de rigueur envers ses concitoyens.

159. *Comment finit la guerre avec les Latins?* A l'expiration de la trève, on crut à Rome un dictateur nécessaire, et on investit de cette charge Aulus Posthumius. Les deux armées se rencontrèrent près du lac de Régille (495). Posthumius remporta une victoire décisive : les deux fils et le gendre de Tarquin perdirent la vie dans le combat. Les Latins demandèrent la paix, et le vieux Tarquin se retira à Cumes, où il mourut l'année suivante.

160. *A qui dut-on principalement la victoire de Régille?* La victoire de Régille est particulièrement attribuée au dictateur Aulus Posthumius qui s'y distingua de manière à mériter le surnom de *Regillensis*, et après lui à la valeur de Caius Marcius appelé depuis *Coriolan.*

161. *Quand et comment furent établis les tribuns du peuple?* Le peuple irrité contre les patriciens qui continuaient à traiter leurs débiteurs avec une rigueur excessive, se retira sur le mont Sacré, et ne rentra dans Rome qu'après avoir obtenu du sénat l'institution de deux magistrats annuels, appelés *tribuns* du peuple, exclusivement choisis parmi les plébéiens et chargés de le défendre contre les grands. Sicinius, qui avait plaidé la cause du peuple sur le mont Sacré, fut le premier revêtu de cet emploi, en 492.

162. *Comment le sénat s'y prit-il pour ramener dans Rome le peuple qui s'était retiré sur le mont*

Sacré? Il nomma pour traiter avec les fugitifs dix commissaires à la tête desquels étaient Lartius, Valérius et Ménénius Agrippa. Les deux premiers haranguèrent le peuple, mais sans effet ; Ménénius, plus adroit, parvint à les ramener en leur racontant la fable des Membres et de l'Estomac (1).

163. *Quelles étaient les attributions des tribuns du peuple?* La puissance des tribuns du peuple était renfermée dans l'enceinte de la ville et à un mille aux environs. Dans l'origine, leurs fonctions se bornaient à l'examen des décrets du sénat auxquels le mot de *veto* (j'empêche), écrit par eux, tenait lieu d'opposition. Pour que le peuple ne manquât jamais de défenseurs, ils ne pouvaient s'éloigner de la ville pendant un jour entier, et la porte de leur maison ne pouvait jamais être fermée même pendant la nuit. Leur personne était inviolable, et par une loi dite *sacrée*, il fut permis à tout le monde de tuer, sans formalité, quiconque aurait maltraité ou fait maltraiter un de ces magistrats.

164. *Les tribuns du peuple restèrent-ils toujours dans les premières limites de leur puissance?* Dans la suite ils étendirent immensément leurs attributions, attaquèrent le sénat, convoquèrent à volonté les assemblées par tribus, y firent rendre de lois dites *plébiscites*, et excitèrent de perpétuelles séditions. De deux, leur nombre fut porté à cinq, puis à dix.

165. *Quels magistrats adjoignit-on aux tribuns du peuple et quelles étaient leurs fonctions?* Aux tribuns du peuple on adjoignit deux magistrats

---

(1) Lisez, dans La Fontaine, la fable : *les Membres et l'Estomac.*

annuels et plébéiens nommés *édiles ;* ils étaient chargés d'aider les tribuns dans leurs fonctions et de prendre soin des bâtimens publics, des temples, des bains, des aqueducs, des vivres ; ils avaient aussi connaissance d'un grand nombre d'affaires distraites de la juridiction des consuls.

---

§ II. — Coriolan. — Les Fabiens. — Cincinnatus.

166. *Rome après avoir calmé ses troubles intérieurs n'eut-elle pas à porter ses armes au dehors ?* Après que les troubles de l'intérieur eurent cessé, les Romains vinrent mettre le siége devant Corioles, l'une des places les plus importantes des Volsques. Ce fut au siége de cette ville que se distingua Caïus Marcius qui, en prenant cette ville, mérita le surnom de Coriolan.

167. *Quelle récompense Coriolan reçut-il pour cette victoire ?* En récompense de cette victoire, le consul Posthumius le couronna de sa main ; lui donna un cheval de bataille richement harnaché ; lui permit de prendre dix prisonniers à son choix et une part considérable du butin ; mais de tous ces présens, Coriolan n'accepta que le cheval, et un prisonnier qui avait été son ami.

168. *Quels étaient les défauts et les qualités de Coriolan ?* Coriolan était fier, dur, emporté et d'un entêtement que rien ne pouvait faire céder ; il était vindicatif, mais il avait un respect et une soumission exemplaires pour sa mère. Le désir de lui faire plaisir l'encourageait dans toutes ses actions.

169. *Quel fut le premier patricien contre qui les*

tribuns *du peuple firent usage de leur autorité?* Caïus Marcius Coriolan fut le premier patricien contre qui les tribuns firent usage de leur autorité. Ce patricien, d'un caractère inflexible, s'attira la haine du peuple par sa fierté. Les tribuns l'accusèrent d'aspirer à la tyrannie et le firent condamner à un bannissement perpétuel.

170. *Comment se vengea Coriolan?* Coriolan se retira chez les Volsques, infatigables ennemis des Romains, et vint assiéger sa patrie. Toutes les tentatives du sénat pour le désarmer furent inutiles. Il ne céda qu'aux supplications de sa mère Véturie, et Rome fut sauvée. Les Volsques, trompés dans la confiance qu'ils avaient accordée à Coriolan, le firent, dit-on, périr comme traître.

171. *Que fit le consul Spurius Cassius pour gagner la faveur du peuple?* Afin de gagner la faveur populaire, Spurius Cassius, consul pour la troisième fois, proposa (486) de distribuer au peuple les terres conquises dont les patriciens étaient en possession. La proposition de cette loi agraire, souvent renouvelée par les tribuns, devint un germe fécond de discordes.

172. *Comment la noblesse se vengea-t-elle de Spurius Cassius?* Froissée dans ses plus chers intérêts par la proposition de Spurius Cassius, la noblesse l'accusa d'aspirer à la royauté : le peuple indigné ne voulut rien écouter pour sa justification et le fit précipiter du haut de la roche Tarpéienne, quoiqu'il eût été trois fois consul et honoré deux fois du triomphe.

173. *Quel fut le généreux dévoûment de la famille Fabia?* Trois cent six Fabiens, suivis de quatre mille cliens, se chargèrent à eux seuls de préserver Rome des incursions des Véiens. Ils tin-

rent deux ans l'ennemi en échec ; mais, surpris au milieu de la confiance du succès, ils périrent tous jusqu'au dernier (477). Il ne resta de cette famille de héros qu'un enfant de 12 ans, qui propagea la race des Fabiens jusqu'à ce Quintus Fabius *Cunctator*, qui arrêta le cours des conquêtes d'Annibal.

174. *Comment cette triste nouvelle fut-elle reçue à Rome ?* Quand cette triste nouvelle parvint à Rome, la désolation fut grande : le jour où cette illustre famille avait péri fut mis au nombre des jours néfastes, et la porte de Rome par où les Fabiens étaient sortis fut appelée *Porte scélérate*.

175. *Comment s'illustra L. Quinctius Cincinnatus ?* L. Quinctius, surnommé Cincinnatus parce qu'il avait les cheveux bouclés, vivait à la campagne, cultivant modestement son champ et jouissant de la plus haute estime. Il fut tiré plusieurs fois de la charrue pour être consul et dictateur, il triompha tantôt des Eques, tantôt des Volsques, rétablit toujours la paix dans Rome et revint constamment à ses travaux champêtres.

---

§ III. — Décemvirat. — Tribuns militaires.

176. *Que firent les Romains, voulant avoir une législation écrite ?* Les consuls et les juges patriciens avaient jusqu'alors rendu la justice, non d'après des lois écrites et connues de tous, mais en suivant d'anciennes et obscures coutumes qu'ils interprétaient à leur gré. Le tribun Terentillus, en 461, proposa une loi pour réclamer une législation écrite. Le sénat finit par y consentir, et envoya trois commissaires en Grèce pour recueillir les

meilleures lois de ce pays et en particulier celles
de Solon.

177. *Que fit-on à Rome au retour des commissaires ?* Au retour des commissaires, le gouvernement ordinaire de la république fut suspendu, aucune des anciennes charges ne fut remplie, on ne nomma pas même de tribuns du peuple, et dix magistrats nouveaux, tous patriciens, sous le titre de *décemvirs*, investis pour un an d'une puissance dictatoriale, furent chargés (451) de rédiger un code de lois, et de mettre en harmonie avec les mœurs des Romains les lois apportées de la Grèce.

178. *Quel usage les décemvirs firent-il de leur autorité ?* Les décemvirs usèrent d'abord de leur autorité avec modération ; ils rédigèrent leurs lois sous dix titres, les soumirent au peuple, et les firent graver sur dix tables d'airain. Afin de compléter ces lois on élut encore pour l'année suivante des décemvirs, tous nouveaux, à l'exception d'Appius Claudius ; ils ajoutèrent deux tables aux précédentes, ce qui fit appeler leur code la *Loi des douze Tables*, mais pendant cette seconde année les décemvirs exercèrent une odieuse tyrannie, et voulurent se perpétuer d'eux-mêmes dans leur pouvoir.

179. *A quelle occasion le décemvirat fut-il aboli ?* L'abolition du décemvirat, déjà odieux au sénat et au peuple, fut occasionnée par la fin tragique d'une jeune fille, nommée Virginie, que son père Virginius immola, pour la soustraire aux poursuites du décemvir Appius Claudius. Cette fin tragique souleva Rome contre les tyrans : ils furent chassés, et les consuls rétablis (449).

180. *A quelle occasion fut établi le tribunal militaire ?* Les tribuns du peuple continuaient

toujours leur lutte contre l'aristocratie. En 445 ils
demandèrent une loi qui permettrait le mariage
entre les deux ordres et l'admission des plébéiens
au consulat. Sur le premier point le sénat céda, es
quant au second il usa d'habileté. Il substitua (444
aux consuls des tribuns militaires qui pouvaient
être pris indifféremment dans les deux ordres, es
qui étaient investis de la plupart des fonctions
attribuées jusqu'alors aux consuls. Satisfait de
cette concession, le peuple pendant plusieurs années ne nomma que des patriciens à cette charge.

181. *Quel était le nombre des tribuns militaires et quelle fut la durée de cette institution ?* Le
nombre des tribuns militaires qui était d'abord de
trois, fut ensuite porté à six. Cette nouvelle forme
de gouvernement fut souvent interrompue par des
retours momentanés au consulat, jusqu'à l'an 366
où le consulat fut rétabli pour toujours et partagé
enfin entre les deux ordres.

182. *Quelle nouvelle charge fut créée deux ans
après l'établissement du tribunat militaire ?* En
442, on créa la censure qui était comme un démembrement du consulat. Les censeurs au nombre de deux, choisis à l'origine parmi les patriciens seulement, nommés d'abord pour 5 ans, puis
pour 18 mois, héritèrent du droit des consuls de
faire le cens ou dénombrement du peuple et de régler les classes. Dans la suite ils furent chargés de
surveiller les mœurs, d'infliger des notes de flé-
trissure aux chevaliers et aux sénateurs, et même
d'exclure ces derniers des assemblées du sénat.

183. *A quelle époque les troupes romaines com-
mencèrent-elles à être soldées, et quel avantage
Rome y trouva-t-elle ?* Les troupes romaines commencèrent à recevoir une solde, aux frais du trésor

public, quelque temps avant le siége de Véies (405), la ville la plus importante de l'Étrurie ; cette manière d'entretenir les troupes permit à Rome de former de plus vastes projets de conquête.

184. *Quelle était auparavant la durée des guerres chez les Romains ?* La guerre jusqu'à ce temps ne consistait, pour ainsi dire, qu'en excursions. Un seul mois, quelquefois même un petit nombre de jours les voyait commencer et finir ; presque toujours une seule action décidait du sort de la campagne, parce que le soldat, faute de moyens, ne pouvait subsister longtemps loin de ses foyers.

SYNCHRONISMES. Vᵉ SIÈCLE. — 490. *Bataille de Marathon, Miltiade.* — 485. *Xerxès, roi de Perse. Thémistocle et Aristide. Gelon s'empare de Syracuse.* — 480. *Défense des Thermopyles. Incendie d'Athènes. Bataille de Salamine.* — 479. *Bataille de Platée.* — 472. *Artaxerxès Longue-Main, roi de Perse.* — 470. *Victoire de Cimon près de l'Eurymédon.* — 465. *Commencemens de Périclès.* — 464. *Troisième guerre de Messénie.* — 454. *Néhémie relève le temple de Jérusalem.* — 450. *Paix de Cimon.* — 431. *Commencement de la guerre du Péloponèse.* — 430. *Peste à Athènes. Hippocrate.* — 415. *Expédition des Athéniens en Sicile.* — 405. *Denys tyran de Syracuse.* — 404. *Prise d'Athènes, fin de la guerre du Péloponèse. Artaxerxès Mnémon, roi de Perse.* — 401. *Bataille de Cunaxa.* — 400. *Retraite des dix mille. Mort de Socrate.*

[Quatrième siècle avant J.-C. — 400 à 300.]

§ IV. — Prise de Véies. — Guerre contre les Gaulois. Le consulat partagé entre les deux ordres.

Camille a triomphé des Véiens, des Gaulois ;
Par lui Rome est bâtie une seconde fois
Malgré les grands, s'accroît le pouvoir populaire.

185. *Par qui la ville de Véies fut-elle prise ?* La

ville de Véies fut prise, l'an 395 avant **J.-C.**, par Camille, après un siége de dix ans.

186. *Au siége ae quelle autre ville Camille s'illustra-t-il?* Pendant que Camille assiégeait la ville de Faléries, capitale du pays des Falisques, un maître d'école vint lui offrir de lui livrer, comme otages, les enfans des principaux des Falisques; mais Camille arma de verges les disciples de ce traître et les chargea de le reconduire dans la ville en le fustigeant. Vaincus par la générosité de Camille, les Falisques se soumirent aux Romains.

187. *Comment Camille éprouva-t-il l'ingratitude de ses concitoyens?* Ce grand homme fut injustement accusé d'avoir détourné à son profit une partie du butin de Véies et condamné à une amende. Il s'exila à Ardée. Moins généreux qu'Aristide, il avait, en sortant de Rome, prié les dieux du Capitole de faire bientôt repentir ses concitoyens de son exil.

188. *Comment ses vœux furent-ils exaucés?* Peu de temps après, Rome eut besoin de tous ses défenseurs elle faillit être détruite par les Gaulois, qui en 390 firent une irruption en Étrurie sous la conduite de Brennus, et marchèrent ensuite contre Rome. Brennus défit les Romains sur les bords de l'Allia, et entra dans Rome, qu'il incendia. Quatre-vingts sénateurs se laissèrent égorger, immobiles sur leurs chaises curules. La jeunesse romaine se réfugia au Capitole.

189. *Quel incident empêcha les Gaulois de surprendre le Capitole?* Les Gaulois avaient déjà gravi la roche Tarpéienne et étaient parvenus au pied de la muraille, sans être aperçus, lorsque le cri des oies, que l'on conservait pour les sacrifier à

l Junon, réveilla Manlius. Seul il fit d'abord face aux ennemis. La garnison accourut et les Gaulois furent repoussés. La courageuse défense du Capitole valut à Manlius le surnom de Capitolinus.

190. *Comment Rome fut-elle délivrée des Gaulois ?* Camille, oubliant les torts de sa patrie, se mit à la tête des Romains réfugiés à Véies, fit un horrible carnage des Gaulois, et reprit les débris de Rome.

191. *Pourquoi fut-il surnommé le second fondateur de Rome ?* Camille fut appelé le second fondateur de Rome, parce qu'il s'opposa à la proposition que firent les tribuns du peuple de transporter à Véies le siége de la république. Son autorité prévalut, et dans l'espace d'un an, la ville fut rebâtie.

192. *Comment finit Manlius Capitolinus ?* Soupçonné d'aspirer à la souveraineté, Manlius fut condamné à mort et précipité du haut de cette même roche Tarpéienne, qu'il avait défendue sept ans auparavant contre les Gaulois.

193. *Quels troubles agitèrent Rome après la retraite des Gaulois ?* La paix intérieure fut constamment troublée par des débats à l'occasion des dettes, et par la lutte perpétuelle des plébéiens contre les patriciens. En 376, les tribuns Licinius Stolon et L. Sextius demandèrent : 1° que les dettes fussent diminuées; 2° que le consulat fût partagé entre les patriciens et les plébéiens ; 3° qu'aucun Romain ne pût posséder au-delà de 500 arpens de terre. Le sénat fut à la fin obligé d'accepter les trois propositions des tribuns, et Sextius en 366 fut le premier consul plébéien.

194. *Quelle compensation le sénat chercha-t-il*

aux concessions qu'il avait été forcé de faire? Le sénat oblint que le droit de rendre la justice, qui avait été jusqu'alors une attribution consulaire, fût désormais dévolu à un magistrat patricien nommé *préteur.* La préture, comme la censure, fut un démembrement du consulat.

———

§ V. — Guerre contre les Samnites et les Latins.

Samnites et Romains se font longtemps la guerre.
En trois cent trente-huit les Latins sont soumis.
Dèce immole sa vie et Torquatus son fils.
Non loin de Caudium vaincus par imprudence,
Les Romains du Samnite éprouvent la vengeance.

195. *De toutes les guerres que les Romains eurent à soutenir en Italie, quelle fut la plus acharnée et la plus importante par ses résultats?* De toutes les guerres que firent les Romains pour la conquête de l'Italie, la plus terrible fut celle qu'ils eurent à soutenir, de 343 à 270, contre les Samnites, soit seuls, soit unis à divers autres peuples. La soumission des Samnites, après une lutte de 70 ans, rendit les Romains paisibles possesseurs du centre et du midi de l'Italie.

196. *Quelle fut la cause de la première guerre contre les Samnites, et comment finit-elle?* Les habitans de Capoue, attaqués par les Samnites et trop lâches pour se défendre, donnèrent leur ville aux Romains qui exigèrent, sans l'obtenir, que les Samnites respectassent une possession devenue romaine. Après deux campagnes, les Samnites, vaincus demandèrent la paix.

197. *Quelle nouvelle guerre eurent à soutenir*

les Romains après avoir fait la paix avec les Samnites? Les Latins demandèrent à jouir des mêmes priviléges que les citoyens romains. Indignés de cette prétention, les Romains prirent les armes et chargèrent Manlius Torquatus et Decius Mus de la conduite de la guerre.

198. *Quel triste exemple de sévérité donna Manlius pour maintenir la discipline militaire?* Pour maintenir la discipline militaire, Manlius punit de mort son fils qui, malgré la défense qu'avaient faite les consuls de combattre sans leur ordre, avait tué un ennemi dans un combat singulier.

199. *Que fit Décius pour assurer la victoire aux siens l'an 338?* À la vue des soldats qui fuyaient, Décius, vêtu de sa robe brodée de pourpre, et la tête couverte d'un voile, se dévoua aux dieux Mânes, et s'élançant au fort de la mêlée, il tomba percé de coups. Les anciens croyaient que le chef qui s'immolait ainsi donnait la victoire à son parti. Les Romains reprirent courage et furent vainqueurs. A partir de cette époque les Latins furent définitivement soumis. Le fils et le petit-fils de Décius imitèrent dans la suite son dévoûment.

200. *Quelle humiliation reçut la république romaine l'an 321?* La guerre ayant été reprise contre les Samnites, l'armée romaine envoyée contre eux s'engagea imprudemment dans le défilé des Fourches Caudines, près de Bénévent. Cernée de toute part, elle fut forcée de se rendre à discrétion. Pontius Hérennius, général des Samnites, la désarma et la fit passer sous le joug.

201. *Par quels succès les Romains effacèrent-ils la honte des Fourches Caudines?* Papirius Cursor s'empara, en 320, de Lucérie où 7,000 Samnites s'étaient renfermés, et les fit à leur tour pas-

ser sous le joug. Fabius Rullianus vainquit les Étrusques et d'autres peuples du centre de l'Italie qui avaient embrassé le parti des Samnites. Ceux-ci, profitant de la diversion des Étrusques, avaient remporté quelques avantages ; mais ils éprouvèrent en 308 des défaites multipliées, et parurent soumis ; ils ne le furent définitivement qu'en 270.

202. *Quel accroissement la puissance populaire avait-elle pris à la fin du IVe siècle ?* Le dictateur plébéien, Publilius Philo, fit passer, en 339, trois lois qui prescrivaient : 1° la soumission des patriciens aux plébiscites ; 2° la ratification à l'avance par les curies et le sénat de toute loi présentée à l'acceptation des comices par centuries ; 3° le choix parmi les plébéiens de l'un des deux censeurs. Les plébéiens étaient admis enfin au consulat, à la dictature, à la censure ; ils le furent en 337 à la préture, et en 301 aux fonctions sacerdotales. Ainsi l'égalité politique des deux ordres était consommée.

[Troisième siècle avant J.-C. — 300 à 200.]

§ VI. — Guerre contre Pyrrhus.

En deux cent quatre-vingt, le célèbre Pyrrhus
Fait la guerre aux Romains, admire leurs vertus.
Vaincu par Dentatus, il sort de l'Italie;
Tarente et Samnium, Brutium, Lucanie
Se rendent, imitant l'exemple des Latins,
Et l'Italie entière est soumise aux Romains.

203. *Pourquoi les Romains, en 282, firent-ils la guerre à Tarente?* Les Romains firent la guerre à Tarente, ville d'origine grecque, célèbre par son commerce, ses richesses et la dissolution des mœurs de ses habitans, parce que les Tarentins, après avoir en pleine paix insulté leur flotte, avaient outragé les ambassadeurs qui étaient venus demander une réparation de cette violation du droit des gens.

204. *Qui les Tarentins appelèrent-ils à leur secours?* Les Tarentins appelèrent à leur secours Pyrrhus, roi d'Epire, qui passait pour l'héritier des talens militaires d'Alexandre le Grand.

205. *Quel fut le début de l'expédition de Pyrrhus en Italie?* Pyrrhus remporta à Héraclée, en 270, une victoire qu'il dut en grande partie à la terreur qu'inspirèrent ses éléphans. Après ce succès, les Samnites et les Lucaniens vinrent se ranger sous ses drapeaux.

206. *Comment Fabricius fit-il admirer à Pyrrhus sa grandeur d'âme?* Ce vertueux Romain envoyé vers Pyrrhus pour traiter du rachat des prisonniers, ne se laissa ébranler ni par les offres ni par les menaces du roi d'Epire, et quelque temps après il l'avertit du danger qu'il courait d'être empoisonné par son propre médecin.

207. *Que fit Pyrrhus craignant déjà l'issue de la guerre qu'il faisait aux Romains ?* Pyrrhus, craignant l'issue de la guerre qu'il faisait aux Romains, envoya à Rome son ministre Cinéas, par l'éloquence duquel il avait gagné plus de villes que par la force des armes, et le chargea d'offrir la paix aux Romains, sans y mettre d'autre condition que la liberté des villes de la Grande-Grèce. Le sénat, entraîné par Appius Claudius l'aveugle, déclara qu'il ne traiterait de la paix que quand Pyrrhus aurait évacué l'Italie.

208. *Quelle idée de Rome Cinéas donna-t-il à Pyrrhus ?* Cinéas, de retour vers Pyrrhus, lui peignit Rome comme un temple, et le sénat comme une assemblée de rois.

209. *Que fit Pyrrhus après que ses propositions eurent été rejetées ?* Pyrrhus, voyant que ses propositions étaient rejetées, livra une seconde bataille qui ne fut pas décisive, et dans laquelle Décius Mus se dévoua, à l'exemple de son père et de son aïeul. Pyrrhus passa ensuite en Sicile, à la demande des Syracusains, pour les défendre contre les Carthaginois qui, depuis la mort d'Agathocle faisaient de grands efforts pour subjuguer toute l'île.

210. *Quels furent les succès de l'expédition de Pyrrhus en Sicile ?* Pyrrhus vainquit les Carthaginois, délivra les Siciliens du brigandage des Mamertins, soldats mercenaires qu'Agathocle avait pris à sa solde, et les renferma dans Messine. Les Mamertins étaient ainsi nommés parce qu'ils étaient pour la plupart natifs de Mamertium, ville du Brutium.

211. *Quel échec Pyrrhus essuya-t-il à son re-*

tour en Italie, et quelles en furent les conséquences pour les Romains ? Il fut vaincu près de Bénévent par le consul Curius Dentatus, l'an 276, et fut obligé de quitter l'Italie. Par suite de sa défaite, le Samnium, la Lucanie, le Brutium, Tarente, Crotone, toute la Grande-Grèce, se soumirent aux Romains, qui dès-lors demeurèrent maitres de toute l'Italie, à l'exception de quelques cantons habités par des Gaulois.

DEUXIÈME PARTIE.

CONQUÊTES HORS DE L'ITALIE.

(264-146, espace de 118 ans.)

§ I. — Première guerre punique.

Deux cent soixante-quatre a vu Rome et Carthage
Commencer une lutte où brilla leur courage.
Trahi par le destin, fidèle à son serment,
Régulus va périr dans un affreux tourment.

212. *Quelle était la puissance de Carthage, au moment où commença sa lutte contre Rome ?* La république de Carthage, qui devait toute sa grandeur à l'étendue de son commerce, avait conquis l'Afrique proprement dite, la Corse, la Sardaigne, la plus grande partie de la Sicile, et une partie des côtes de l'Espagne.

213. *Quelle était la constitution de Carthage ?* Dans l'origine, deux magistrats à vie, nommés *suffètes,* semblables aux rois de Sparte, commandaient les armées ; un sénat décidait avec eux de presque toutes les affaires; trente des plus anciens sénateurs formaient un conseil secret; le peuple nommait les magistrats. Les troupes de Carthage étaient presque entièrement composées d'étrangers mercenaires.

214. *Quel était l'état intérieur de Carthage lorsque les guerres puniques éclatèrent?* La constitution était altérée, les richesses avaient amolli les citoyens; les suffètes étaient devenus annuels et avaient perdu le commandement des armées, dont s'était emparée la famille puissante des Magons.

215. *Quel fut le prétexte de la première guerre punique?* Malgré les traités que Rome et Carthage avaient conclus à différentes époques, la guerre entre les deux nations devint inévitable quand les Romains, maîtres de l'Italie, convoitèrent la Sicile. Cette île était alors partagée entre les Carthaginois, Hiéron, roi de Syracuse, et les Mamertins, brigands originaires du Brutium, qui s'étaient emparés de Messine, en 278. Vaincus par Hiéron, ces derniers se partagèrent en deux factions : l'une livra la citadelle aux Carthaginois, l'autre implora le secours des Romains.

216. *Quels furent les premiers événemens de la guerre?* Le peuple romain ayant forcé le sénat à accorder du secours aux Mamertins, le consul Appius Claudius rassembla (264) une armée à Rhégium; mais les flottes carthaginoises défendaient le passage du détroit de Sicile, et Rome n'avait point de vaisseaux. Le consul eut recours à la ruse : il feignit d'abandonner son entreprise; les Carthaginois laissèrent alors la mer libre. Le consul embarqua rapidement ses troupes sur de légers bâtimens appelés *caudicariæ naves* (canots), et

aborda sans obstacle en Sicile; il battit les Syracusains et les Carthaginois campés devant Messine. Cette victoire valut à Claudius le surnom de *Caudex*, en mémoire des frêles bâtimens avec lesquels il avait bravé les flots. Admirant la valeur romaine, Hiéron abandonna le parti des Carthaginois, et fit avec Rome un traité d'alliance auquel il demeura toujours fidèle. L'année suivante (263), Agrigente, l'une des plus fortes places de la Sicile, tomba au pouvoir des Romains.

217. *Quels furent les premiers succès des Romains sur mer?* Les Romains ayant compris que c'était sur mer qu'il fallait vaincre les Carthaginois, créèrent en soixante jours une marine militaire forte de cent vingt-trois galères; et le consul Duillius livra en 260, près des côtes de Myles, la première bataille navale; il s'empara de cinquante vaisseaux carthaginois.

218. *A quelle invention Duillius dut-il la victoire qu'il remporta sur les flottes carthaginoises?* Le consul ayant remarqué que la pesanteur des vaisseaux romains les empêchait de combattre avec succès les galères carthaginoises, imagina une machine nommée *corbeau*, espèce de pont-volant armé de grappins, qu'on faisait tomber sur les vaisseaux ennemis pour les accrocher. Le combat naval se changeait ainsi en combat de terre.

219. *Comment célébra-t-on à Rome la victoire de Duillius, et quelle récompense lui décerna le sénat?* Pour perpétuer le souvenir de cette victoire navale, on construisit à Rome une colonne dite *rostrale* (1), portant une inscription qui mar-

---

(1) De *rostrum*, éperon de navire, parce que des éperons de navire y étaient représentés.

quait le nombre des vaisseaux pris sur l'ennemi. Duillius célébra en quelque sorte sa victoire toute sa vie, car le sénat lui accorda l'honneur d'être reconduit tous les soirs chez lui à la clarté des flambeaux et au son des instrumens.

220. *Quels événemens se passèrent après la victoire de Duillius?* Cornélius Scipion, nommé consul, poursuivit avec sa flotte les vaisseaux carthaginois échappés au premier désastre et s'empara de la Corse et de la Sardaigne. En Sicile, Attilius Collatinus s'étant laissé enfermer dans un défilé, y aurait péri avec son armée sans le secours de Calpurnius Flamma, tribun légionnaire : aussi dévoué que Léonidas aux Thermopyles, ce brave Romain, avec 300 hommes choisis, attira sur lui les efforts de l'armée africaine, tandis que celle du consul se dégageait; les Romains périrent tous à l'exception de Calpurnius, qu'on retrouva percé de coups sous un monceau de cadavres; il survécut à ses blessures, et tel était alors le désintéressement des Romains, qu'il fut heureux de recevoir pour récompense de son courage une couronne de gazon.

221. *Quel parti prit le sénat romain voulant porter un coup décisif aux Carthaginois?* La guerre languissait en Sicile, le sénat donna à Manlius Vulso et à Régulus l'ordre de se rendre en Afrique avec la flotte romaine. Les deux consuls rencontrèrent les Carthaginois près d'Ecnome en Sicile, et gagnèrent une triple bataille navale en 256; ils débarquèrent ensuite sans obstacle en Afrique, et s'emparèrent de Clypea.

222. *Que fit ensuite Régulus, resté en Afrique?* Le sénat ayant rappelé Manlius avec la plus grande partie de sa flotte pour achever la conquête de la Sicile, Régulus continua seul la guerre en Afri-

que; il se vit obligé de combattre sur les bords du fleuve Bagrada un serpent monstrueux qui ne put être détruit que par des machines de guerre; il s'empara de Tunis, la seconde ville d'Afrique. Les Carthaginois implorèrent la paix : Régulus la leur offrit aux conditions les plus humiliantes; mais en ce moment arriva à Carthage avec quelques troupes grecques, un célèbre général lacédémonien, Xanthippe, à qui les Carthaginois avaient envoyé offrir à Sparte le commandement de leur armée. Il releva leur courage, vainquit les Romains et fit Régulus prisonnier.

223. *Quels furent les revers et les succès des Romains après l'expédition d'Afrique?* Dès qu'on sut à Rome le désastre de Régulus, on arma une flotte de 350 vaisseaux, qui attaqua et battit complétement les Carthaginois sur les côtes d'Afrique; mais une tempête ayant assailli les Romains près de la Sicile, et détruit presque tous leurs vaisseaux, les Carthaginois profitèrent de ce désastre pour reprendre Agrigente et en raser les fortifications.

224. *Que firent les Romains pour réparer ces pertes?* Les revers des Romains ne servirent qu'à exciter leur patriotisme; ils envoyèrent une nouvelle flotte en Sicile, où ils reprirent plusieurs villes; mais la tempête vint de nouveau engloutir leurs vaisseaux et ralentir leurs succès; enfin, le proconsul Métellus, vainquit, sous les murs de Panorme, les Carthaginois commandés par Asdrubal.

225. *De quelle mission fut alors chargé Régulus et comment la remplit-il?* Découragés par leur dernière défaite, les Carthaginois envoyèrent Régulus à Rome pour demander la paix ou au moins l'échange des prisonniers; avant de partir, il s'engagea par serment à venir reprendre ses fers si sa

4.

mission ne réussissait pas au gré des Carthaginois. Arrivé à Rome, il détourna les Romains de conclure une paix qu'il jugeait peu avantageuse, et soutint la loi qui défendait le rachat des soldats romains tombés au pouvoir de l'ennemi. Fidèle à son serment, il s'arracha à ses amis et à sa famille qui voulaient le retenir, et revint à Carthage, où il subit, dit-on, une mort cruelle en 250.

226. *Que se passa-t-il en Sicile après la victoire de Métellus?* Les horribles traitemens que les Carthaginois avaient fait souffrir à Régulus allumèrent dans le cœur des Romains un vif désir de vengeance; ils résolurent d'achever à tout prix la conquête de la Sicile. Il ne restait à soumettre dans cette île que Drépane et Lilybée, la plus forte place des Carthaginois; mais la résistance opiniâtre de cette dernière ville, défendue par Imilcon, trompa l'espoir des Romains. Leurs machines de guerre furent brûlées et ils étaient sur le point de renoncer à leur entreprise, lorsque le consul Claudius Pulcher fut envoyé en Sicile.

227. *Quel nouveau revers essuya le consul Claudius Pulcher?* Brûlant du désir de se signaler, ce chef téméraire et irréligieux voulut attaquer Adherbal devant Drépane; mais il disposa mal sa flotte, ce qui lui fit perdre, en 250, cent vingt galères et un grand nombre de soldats et de matelots.

228. *À quoi attribua-t-on la défaite des Romains?* Cette défaite fut attribuée à la conduite irréligieuse du consul. Les Romains avaient foi aux augures; avant le combat on vint annoncer à Claudius que les poulets consacrés à Junon refusaient de manger; il les fit jeter à la mer en disant d'un ton railleur : « Eh bien ! qu'ils boivent. »

229. *Quels sont les événemens de la guerre pen-*

dant les cinq dernières années? Rome, épuisée par ces désastres, renonça pendant quelque temps aux armemens maritimes, et permit seulement à des particuliers d'équiper des vaisseaux à leurs frais, ce qui ruina le commerce carthaginois sans augmenter les dépenses du trésor public. Le fameux Amilcar Barca à la tête d'une flotte carthaginoise vint s'établir en Sicile et de là ravagea sans cesse les côtes de l'Italie; enfin, après cinq années d'une lutte indécise, le consul C. Lutatius attaqua près des îles Egates, en 242, les Carthaginois commandés par Hannon, et cette bataille termina une guerre qui durait depuis 24 ans. Amilcar proposa lui-même la paix aux Romains.

230. *Quelles furent les conditions de la paix qui mit fin à la première guerre punique en* 241? Carthage céda aux Romains ses possessions en Sicile et les îles voisines; elle s'engagea à payer en dix ans £2,200 talens d'argent (11 millions et demi de francs environ). Elle rendit sans rançon tous les prisonniers romains, et s'engagea à ne point faire la guerre à Hiéron, qui garda Syracuse. La Corse et la Sardaigne furent restituées aux Carthaginois.

231. *Que se passa-t-il de remarquable à Rome la première année de la première guerre punique?* Deux frères nommés Brutus introduisirent à Rome, en 264, les combats de gladiateurs pour célébrer avec plus de pompe les funérailles de leur père; ce spectacle où l'on voyait des hommes qui, avec une arme meurtrière, combattaient de gré ou de force contre d'autres hommes ou des bêtes féroces, devint dans la suite le divertissement le plus agréable du peuple romain.

§ II. — Guerres contre les Ligures, les Gaulois Cisalpins, la Corse, la Sardaigne et l'Illyrie.

Les Gaulois Cisalpins, la Corse et la Sardaigne
Aux Romains sont soumis; Teuta finit son règne.

232. *Quels faits signalèrent les premières années qui suivirent la conclusion de la paix avec Carthage?* En 240, Livius Andronicus fit représenter les premières pièces de théâtre régulières qu'on eût encore vues à Rome; il les traduisit ou les imita des Grecs. En 238, les Romains commencèrent leur longue et sanglante lutte contre les Ligures et enlevèrent aux Carthaginois la Corse et la Sardaigne. Se trouvant en 234 sans ennemis et sans guerre, ils fermèrent, pour la deuxième fois, le temple de Janus.

233. *Comment cette paix universelle fut-elle troublée?* Des mouvemens en Corse, en Sardaigne et en Ligurie vinrent troubler cette paix; le sénat, en 229, déclara la guerre à Teuta, reine d'Illyrie, qui avait fait tuer des ambassadeurs romains envoyés pour se plaindre des pirateries de ses sujets.

234. *Quelle fut l'issue de ces différentes guerres?* La Corse et la Sardaigne furent promptement soumises; la guerre de Ligurie n'eut pas alors de suite; Teuta fut obligée de payer un tribut et de céder une partie de l'Illyrie aux Romains. Ils donnèrent à un chef illyrien nommé Démétrius, dont les intrigues avaient favorisé leurs succès, la petite île de Pharos dans la mer Adriatique et quelques districts de l'Illyrie.

235. *A la suite de la guerre d'Illyrie, quels rapports s'établirent entre les Romains et les Grecs?* Les Romains commencèrent alors à se faire connaître aux Grecs, envoyèrent des ambassadeurs aux

Athéniens et aux Corinthiens, et furent admis par ces derniers à la célébration des jeux isthmiques comme les Grecs. Les Athéniens de leur côté leur accordèrent le droit de cité et déclarèrent qu'ils pourraient être initiés aux mystères d'Eleusis.

236. *Quel danger vint de nouveau menacer la république?* Les Gaulois, établis au nord de l'Italie, mécontens des Romains qui avaient chassé les Sénonais du Picenum et partagé leurs terres, se liguèrent entre eux et marchèrent sur Rome ; mais en 224, ils perdirent une grande bataille près du cap de Télamon en Etrurie, contre le consul Æmilius. Les Romains passèrent le Pô pour la première fois en 223, et les Gaulois, battus en plusieurs rencontres par Marcellus, furent obligés de se retirer dans les Alpes. L'Italie entière se trouva donc soumise aux Romains.

237. *Pourquoi les Romains firent-ils une seconde fois la guerre en Illyrie?* Démétrius, oubliant les bienfaits qu'il avait reçus des Romains, ravagea avec ses flottes les villes d'Illyrie et les îles qui leur appartenaient. Le consul Æmilius Paulus, en 219, marcha contre lui et le vainquit. Démétrius se réfugia à la cour de Philippe, roi de Macédoine.

238. *Qu'offre de remarquable l'histoire de Carthage pendant l'intervalle de la première à la seconde guerre punique?* Les troupes mercenaires qui formaient l'armée de Carthage, ne recevant point la solde qui leur avait été promise, se révoltèrent en Afrique, et soutinrent contre l'armée d'Amilcar Barca une guerre terrible qui fut appelée la *guerre inexpiable* et dans laquelle on ne faisait de prisonniers ni de part ni d'autre. Carthage sortit victorieuse de la lutte : mais l'armée d'Amilcar pouvant devenir dangereuse à son tour, on envoya le général et ses soldats faire la conquête de l'Espagne. Amilcar lutta huit ans contre les belliqueux habitans de cette contrée, périt dans un combat et fut remplacé par Asdrubal, son gendre. Ce dernier fit avec les Romains, en 228, un traité qui fixait aux rives de l'Ebre les limites des Carthaginois; il couronna ses victoires par la fondation de Carthagène.

230. *Par qui Asdrubal fut-il remplacé dans le commandement de l'Espagne?* Asdrubal ayant été assassiné en 221 par un Gaulois, son beau-frère, le célèbre Annibal le remplaça en Espagne. Enfant, il y avait accompagné son père Amilcar, et avait juré aux pieds des autels une haine éternelle aux Romains. Il fut fidèle à son serment.

240. *Par quelles factions Carthage était-elle agitée?* Deux puissantes factions partageaient alors Carthage et se disputaient la direction des affaires dans le sénat : la faction d'Hannon qui soutenait les intérêts des riches, et la faction Barcine qui avait embrassé les intérêts de la famille d'Amilcar Barca et qui s'appuyait sur le parti populaire.

§ III. — Deuxième guerre punique.

La ruine de Sagonte a donné le signal
D'une nouvelle guerre où s'illustre Annibal;
Le Tésin, la Trébie et le lac Trasimène
Ont devant ses soldats vu fuir l'aigle romaine;
A Cannes il est vainqueur, puis se livre au repos,
Et dans Capone il perd le fruit de ses travaux.

241. *Quel fut le prétexte de la seconde guerre punique?* Impatient de faire naître une cause de rupture, Annibal assiégea et ruina, en 219, Sagonte, ville alliée des Romains. Ceux-ci demandè-

rent qu'on leur livrât Annibal. Le sénat de Carthage refusa cette réparation, et en 218 la guerre fut déclarée entre les deux républiques.

242. Que fit Annibal lorsqu'il eut appris ce qui s'était passé dans le sénat de Carthage? Résolu de transporter le théâtre de la guerre en Italie, Annibal laissa une armée en Espagne à son frère Asdrubal, pourvut à la sûreté de l'Afrique et se dirigea vers les Pyrénées; il traversa, non sans combats, la Gaule méridionale, passa le Rhône, et surmontant des dangers de toute espèce, franchit les Alpes en quinze jours. Il perdit dans ce passage 36,000 hommes. Il ne lui en restait plus qu'un pareil nombre, lorsqu'il entra en Italie, l'an 218.

243. *Quel furent les premiers succès d'Annibal en Italie?* Sur les bords du Tésin, il vainquit le consul Cornélius Scipion, qui fut blessé et ne dut la vie qu'à la valeur de son fils Publius, âgé de dix-sept ans; sur les bords de la Trébie, il défit le consul Sempronius, et par cette victoire il rangea sous ses drapeaux les Gaulois et les Ligures. Au milieu des rigueurs de l'hiver, il traversa les marais de Clusium où il perdit un œil, pénétra en Etrurie par l'Apennin, et près du lac de Trasimène il remporta, en 217, une nouvelle victoire sur le consul Flaminius, qui périt dans le combat.

244. *Que firent les Romains lorsqu'ils eurent appris les succès d'Annibal?* La république se trouvant en péril, Quintus Fabius Maximus fut créé dictateur; il opposa à l'ardeur impétueuse d'Annibal une nouvelle manière de combattre : se tenant toujours sur la défensive, il le fatigua et l'affaiblit par des marches et des contre-marches continuelles; en un mot il temporisa, d'où lui vient le nom de *cunctator* (temporiseur).

245. *Quel danger coururent alors les Carthaginois?* Annibal ne trouvant plus de vivres dans la
Campanie, résolut de passer dans la Pouille; Fabius l'enferma entre les rochers de Formies et les
marais de Minturnes, puis s'empara du seul défilé
par lequel pouvaient passer les Carthaginois, qui
eussent été entièrement pris sans l'adresse de leur
général.

246. *Comment les Carthaginois échappèrent-
ils aux Romains?* Annibal ayant fait rassembler
2,000 bœufs, commanda qu'on attachât à leurs cor-
nes de petits faisceaux de sarment, y fit mettre le
feu au commencement de la nuit et poussa ces
animaux devenus furieux vers les hauteurs où se
tenaient les Romains. Ceux-ci craignant un piége
et un combat nocturne ne sortirent pas de leurs
retranchemens et laissèrent ainsi le passage libre à
l'artificieux Carthaginois.

247. *Comment le peuple romain jugeait-il la
sage lenteur de Fabius?* Excité par les ennemis de
Fabius et par les tribuns, le peuple romain désap-
prouvait hautement la conduite du dictateur et la
taxait de faiblesse; on poussa même l'injustice à
son égard jusqu'à lui ordonner de partager la dictature avec Minutius, son général de la cavalerie,
homme présomptueux qui, en l'absence de Fabius,
avait eu quelques légers succès sur les Carthaginois.

248. *Quel fut le résultat de ce partage de la
dictature?* Minutius, méprisant les avis de Fabius,
attaqua témérairement les Carthaginois; mais il
tomba dans une embuscade, et ses troupes auraient
été entièrement détruites, si Fabius ne fût venu
promptement à son secours.

249. *Quelle fut alors la conduite de Minutius?*

Revenu de ses illusions, Minutius eut le mérite de reconnaître son erreur; à la tête de ses troupes, il vint se jeter aux pieds de Fabius et lui remit le commandement.

250. *Après la dictature de Fabius quel désastre mit Rome à deux doigts de sa perte?* La guerre de temporisation déplaisant au peuple romain, on donna le consulat à Paul Emile et à Terentius Varron, un des plus ardens détracteurs de Fabius. Varron, contre l'avis de son collègue Paul Emile, voulut attaquer Annibal près de Cannes. Le général carthaginois disposa habilement son armée, inférieure de moitié à celle des Romains, et remporta sur eux en 216 une victoire éclatante. Paul Emile périt dans le combat. Annibal envoya à Carthage trois boisseaux d'anneaux d'or pris aux chevaliers qui avaient succombé.

251. *Que fit Annibal après la bataille de Cannes?* Au lieu de marcher sur Rome dont il se fût peut-être rendu maître à la faveur de la consternation qui y régnait, Annibal laissa aux Romains le temps de préparer une nouvelle résistance, et alla passer l'hiver à Capoue, ville riche et corrompue où, suivant les historiens anciens, ses troupes s'amollirent dans les délices et le repos.

252. *Quelle vertu montrèrent les Romains après la bataille de Cannes?* Loin de se laisser abattre par le désastre de Cannes, les Romains montrèrent une constance admirable. Excités par Fabius, ils firent de nouveaux efforts pour lever des troupes; on enrôla 8,000 esclaves, tous les citoyens portèrent leur argent au trésor et prirent les armes. Le sénat refusa de racheter 8,000 prisonniers, voulant par là ôter tout espoir à la lâcheté; et Varron qui était revenu à Rome, avec 10,000 hommes des débris de

son armée, fut remercié par un décret de n'avoir pas désespéré du salut de la patrie.

253. *Quels sont les principaux événemens qui se passèrent ensuite en Italie?* Les Romains soutinrent, de 216 à 212, la lutte la plus opiniâtre contre Annibal, qui contrarié sans cesse par la faction d'Hannon et ne recevant aucun secours d'Afrique, s'affaiblissait par ses succès comme par ses revers. Trois fois il fut battu devant Nole par Marcellus, qu'on appelait l'*épée de Rome;* Fabius, qui en était le *bouclier*, continua, étant consul, le système qu'il avait suivi étant dictateur; il vainquit Annibal en évitant de le combattre.

254. *Quels furent les événemens de la première guerre que les Romains firent en Macédoine pendant la seconde guerre punique?* Après la bataille de Cannes, Philippe, roi de Macédoine, ayant fait alliance avec Annibal, vint mettre le siége devant Apollonie, ville alliée des Romains. Le préteur Valérius Lévinus, envoyé contre lui, surprit son camp à l'embouchure de l'Aoüs, en 214, et le força à brûler sa flotte et à prendre la fuite. Lévinus profita de ses avantages pour conclure avec les Étoliens un traité d'alliance offensive et défensive.

255. *Quel allié perdirent les Romains à cette époque?* Tandis que les Romains trouvaient un nouvel ennemi dans Philippe, la mort vint enlever Hiéron, leur fidèle allié; ce prince mourut à Syracuse en 215 après un règne long et paisible, pendant lequel il fit jouir ses sujets d'un bonheur que n'avait pu leur procurer le gouvernement démocratique.

Des murs Syracusains qu'Archimède protége,
Marcellus en trois ans achève enfin le siége.
Sans secours de Carthage, Annibal aux Romains
Abandonne Capoue, et lorsque les destins
Semblent à ses desseins se montrer moins contraires,
La mort frappe Asdrubal, et ruine ses affaires.

256. *Quels événemens principaux arrivèrent en Sicile après la mort d'Hiéron ?* Hiéronyme son petit-fils ne régna que peu de temps, et mourut assassiné. Syracuse étant tombée sous l'influence des Carthaginois, le siége en fut résolu par le sénat romain. Les machines qu'inventa Archimède, célèbre géomètre, défendirent trois ans cette ville contre tous les efforts des assiégeans; la trahison en ouvrit les portes à Marcellus. Agrigente fut prise par Valérius Lévinus, et les Carthaginois furent entièrement chassés de la Sicile, qui fut réduite en province romaine l'an 210.

257. *Quelle ville importante les Romains reprirent-ils aux Carthaginois?* Tandis qu'Annibal, ne recevant aucun secours de Carthage, s'affaiblissait en combattant sans cesse, les Romains allèrent mettre le siége devant Capoue. Le général carthaginois voulut faire une diversion en marchant sur Rome, mais elle fut sans résultat; Capoue fut prise en 212, et telle était la confiance des Romains en leur fortune, que le champ où campait Annibal, à trois milles (4 kilomètres et demi) de Rome, fut vendu à l'encan sans rien perdre de sa valeur.

258. *Comment furent détruites en Italie les dernières espérances d'Annibal?* Carthage s'était enfin décidée à envoyer en Italie Asdrubal avec une armée de 50 000 hommes pour renforcer celle d'Annibal. Le consul Claudius Néron, qui avait son camp en Lucanie, vis-à-vis de celui des Carthaginois, apprit par des courriers interceptés l'arrivée d'Asdrubal. Il partit de nuit dans le plus grand secret, avec 6,000 hommes d'élite, et se dirigea à marches forcées vers les bords du Métaure, où son collègue Livius Salinator était en présence d'Asdrubal. Les deux consuls étaient divisés par une haine mortelle ; mais faisant à la patrie le sacrifice de leurs inimitiés, ils agirent de concert et mirent en pièces l'armée d'Asdrubal, qui se fit tuer en 207, ne voulant point survivre à sa défaite. Claudius Néron revint dans son camp après avoir été absent treize jours sans qu'Annibal s'en fût aperçu ; il fit jeter dans le camp des Carthaginois la tête d'Asdrubal qu'il avait soigneusement conservée, et ce fut par ce sanglant message qu'Annibal apprit à la fois l'absence de son ennemi, l'arrivée et la mort de son frère. Il se retira dans le Brutium où par son habileté il se maintint encore trois ans.

259. *Quelle fut l'issue de la guerre que les Romains faisaient en Macédoine ?* La guerre se prolongea avec des succès variés ; Philippe, soutenu des Achéens, eut souvent l'avantage, mais il ne sut profiter ni de ses propres victoires, ni de celles de ses alliés, et il conclut en 205 la paix avec les Romains, au moment où la guerre lui offrait quelques chances de succès.

Les Scipions tous trois, par leurs exploits fameux
Obtiennent en Espagne un renom glorieux.

260. *Que se passa-t-il en Espagne au commencement de la deuxième guerre punique ?* Pendant qu'Annibal s'avançait vers les Alpes, les Romains envoyaient contre lui en Espagne une armée sous le commandement de Cornélius Scipion. La flotte qui portait ces troupes relâcha à Marseille. Scipion

y apprit la marche d'Annibal ; il sentit alors que son devoir le rappelait en Italie, et envoya en Espagne, contre Asdrubal, son frère Cnéus Scipion, avec une grande partie de ses troupes. Ce dernier soumit tout le pays entre l'Ebre et les Pyrénées.

261. *Que fit Cornélius après son consulat ?* Cornélius ayant terminé son année consulaire vint joindre son frère en Espagne en 216. Les deux généraux romains furent vainqueurs tant qu'ils combattirent ensemble ; mais s'étant séparés dans l'espoir de multiplier leurs succès, ils détruisirent par cette seule faute l'ouvrage de six années de victoires et de sagesse, et ces illustres frères, aussi remarquables par leurs talens que par leur amitié, succombèrent tous les deux, en 212, non moins regrettés des habitans de l'Espagne que des Romains eux-mêmes.

262. *Par qui et avec quel succès la guerre fut-elle continuée en Espagne après la mort des deux Scipions ?* La guerre fut continuée par Publius Scipion, fils de Cornélius, âgé de 24 ans, qui brigua seul et obtint le commandement de l'Espagne en 210. Ne voulant point s'exposer d'abord aux chances d'une bataille, il mit le siége devant Carthagène et s'en empara en un jour. Pendant qu'il battait les Carthaginois, il s'attacha les Espagnols par sa douceur et sa modération, et se rendit maître de toute l'Espagne.

263. *Quels alliés en Afrique Scipion donna-t-il aux Romains pendant son commandement d'Espagne ?* Il reçut encore dans l'alliance des Romains Massinissa, roi d'une partie de la Numidie ; et pour détacher des Carthaginois Syphax, autre roi numide, il se rendit presque seul en Afrique auprès de ce prince, et il réussit dans cette témé-

raire entreprise, quoique Asdrubal, général carthaginois qui se trouvait aussi à la cour de Syphax, fit tous ses efforts pour raverser les desseins de son adversaire.

A Rome élu consul, Publius en Afrique
Termine en deux cent un cette guerre punique,
Lutte sanglante et riche en grands événemens,
Qui faillit perdre Rome et dura dix-sept ans.

264. *Que fit ensuite Scipion ?* Après avoir soumis presque toute l'Espagne et l'avoir pacifiée autant par sa valeur que par sa sagesse, Scipion revint à Rome. Élu consul d'une voix unanime en 205, il transporta la guerre en Afrique malgré l'opposition des vieux généraux de Rome, et malgré la défection de Syphax qui, à la persuasion de sa femme Sophonisbe, fille d'Asdrubal, avait de nouveau embrassé le parti des Carthaginois.

265. *Quels furent les premiers succès de Scipion en Afrique?* Sous les murs d'Utique il brûla les deux camps d'Asdrubal et de Syphax ; il les vainquit ensuite dans un lieu appelé les Grandes-Plaines en 203. Il soumit Tunis et d'autres villes pendant que Lælius, son lieutenant et son ami, conjointement avec Massinissa, poursuivaient Syphax en Numidie et le faisaient prisonnier.

266. *Quel fut le sort de Sophonisbe?* Massinissa s'étant emparé de Cirta, capitale de la Numidie, Sophonisbe tomba en son pouvoir ; elle le supplia de la soustraire par la mort à l'esclavage des Romains ; mais le roi à qui elle avait été promise autrefois, sentit renaître la passion qu'il avait eue pour elle et l'épousa. Scipion vit avec regret cette alliance. Sophonisbe avait été la cause de la défection de Syphax, elle eût pu amener celle de Massi-

nissa. Scipion la réclama comme captive du peuple romain. Massinissa n'eut pas le courage de la lui refuser, mais pour épargner à sa nouvelle épouse une honte qu'elle redoutait plus que la mort, il lui envoya une coupe remplie de poison qu'elle but sans hésiter.

267. *Que firent les Carthaginois pour arrêter les progrès des armées romaines en Afrique?* Les succès des Romains ayant jeté la consternation parmi les Carthaginois, ils rappelèrent Annibal d'Italie pour venir au secours de Carthage, et conclurent une trève avec Scipion. Obligé de repasser en Afrique, Annibal éclata en plaintes amères contre le sénat carthaginois qui lui faisait perdre ainsi le fruit de tant de travaux et de gloire.

268. *Quel conseil Annibal donna-t-il à ses concitoyens?* A son arrivée, ayant trouvé la ville épuisée d'armes et d'argent, il conseilla au sénat de faire la paix avec les Romains, quelque désavantageuse qu'elle pût être. On envoya des ambassadeurs à Rome, mais l'avidité et la mauvaise foi des Carthaginois vinrent apporter de nouveaux obstacles à la conclusion du traité, et faire rompre la trève conclue avec Scipion.

269. *Quelle folle imprudence commirent les Carthaginois?* Tandis que les ambassadeurs carthaginois revenaient de Rome auprès de Scipion pour conclure le traité de paix, une flotte romaine chargée d'argent, de munitions et de vivres, fut poussée par une tempête sur les côtes d'Afrique. Les Carthaginois s'en emparèrent au mépris de la trève, et Annibal fut obligé de marcher au-devant des Romains; les deux armées se trouvèrent campées dans la plaine de Zama en 202.

270. *Quelle démarche Annibal fit-il auprès de Scipion ?* Avant de combattre, Annibal voulut tenter d'obtenir la paix; il fit demander à Scipion une entrevue; mais les deux généraux ne purent s'entendre, et l'on se prépara au combat de part et d'autre.

271. *Que se passa-t-il alors?* Avant la bataille les deux généraux haranguèrent leurs troupes. Le combat devint opiniâtre, et Annibal vaincu après avoir montré autant de courage que d'habileté, revint à Carthage où il conseilla au sénat d'accepter toutes les conditions que dicteraient les Romains.

272. *Quelles furent ces conditions ?* Scipion, en 201, imposa aux Carthaginois les plus dures conditions. Il fut convenu que Carthage ne conserverait que son gouvernement et son territoire; qu'elle abandonnerait toutes ses prétentions sur l'Espagne, la Corse, la Sardaigne et les îles de la Méditerranée; qu'elle rendrait tous les déserteurs; qu'elle livrerait aux Romains ses éléphans et ses vaisseaux, à l'exception de dix trirèmes ou galères à trois rangs de rames; qu'elle ne ferait point la guerre sans le consentement de Rome; qu'elle rendrait à Massinissa tout ce qui lui avait été pris; enfin qu'elle paierait dans l'espace de 50 ans la somme de 10,000 talens (environ 52 millions de francs). Elle donna cent otages pour gage de sa foi.

273. *Quelle récompense reçut Scipion ?* Scipion reçut à Rome, avec le surnom d'Africain, les honneurs d'un triomphe magnifique. Syphax suivait le char du vainqueur. C'était le premier roi soumis à cette honte; il n'y survécut pas longtemps : il mourut en prison.

SYNCHRONISMES. III* SIÈCLE. — 290. *Quatrième ligue des généraux d'Alexandre.* — 285. *Démétrius fait prisonnier par Séleucus.*

—285. Ptolémée Soter abdique en faveur de Ptolémée Philadelphe.—284. Ligue étolienne.—283. Fondation du royaume de Pergame.—282. Lysimaque est tué, fin du royaume de Thrace.—280. Ligue achéenne.—278. Antigone de Goni, roi de Macédoine. La Galatie ou Gallo-Grèce.—275. Version des Septante.—274. Mort de Pyrrhus.—269. Hiéron, roi de Syracuse.—255. Fondation du royaume des Parthes.—250. Aratus, stratége des Athéniens.—222. Bataille de Sellasie. Antiochus-le-Grand, roi de Syrie.—221. Philippe III, roi de Macédoine.—213. Philopœmen, stratége des Achéens.

[Deuxième siècle avant J.-C. — 200 à 100.]

§ IV. — Deuxième guerre de Macédoine.

Flamininus abat Philippe et sa puissance;
Et de Rome il voulait étendre l'influence,
Quand il semblait aux Grecs rendre leur liberté.
De Carthage Annibal est alors rejeté.

274. *Quel fut le succès de la seconde guerre de Macédoine?* Le sénat romain, ayant déclaré de nouveau la guerre à Philippe sous prétexte qu'il opprimait les peuples de la Grèce, envoya contre lui le consul Flamininus qui s'empara de l'Épire et de la Thessalie, détacha par ses intrigues tous les Grecs du parti du roi de Macédoine, le vainquit à Cynocéphales en 197 et le força à demander la paix.

275. *A quelles conditions la paix fut-elle accordée au roi de Macédoine?* Flamininus accorda la paix à condition que Philippe ne conserverait que la Macédoine, qu'il rendrait la liberté à toutes les villes de la Grèce sous la domination macédonienne, qu'il livrerait sa flotte, qu'il paierait un tribut annuel aux Romains, et que ceux-ci occu-

5.

peraient les trois entraves de la Grèce, c'est-à-dire les villes de Chalcis en Eubée, de Démétriade en Thessalie, et de Corinthe dans l'île de ce nom.

276. *Quelle fut la politique de Flamininus, après qu'il eut vaincu Philippe?* Pour attirer vers les Romains les Grecs qui croyaient avoir recouvré leur indépendance, mais qui n'avaient fait que changer de maîtres, il fit proclamer par un héraut, aux jeux isthmiques, que les Grecs étaient affranchis de tout impôt envers les Macédoniens, et qu'ils étaient libres de se gouverner selon leurs lois et leurs priviléges. Cet affranchissement apparent et passager eut lieu l'an 196; cependant il ne délivra pas Sparte de la domination de Nabis, quoique Flamininus l'eût vaincu, parce qu'il était plus dans les intérêts de Rome de laisser cette ville sous le gouvernement d'un tyran, qui devait amener la division parmi les Grecs.

277. *Quels événemens coïncident avec la deuxième guerre de Macédoine?* Pendant que Flamininus abaissait la Macédoine, un tribun du peuple, Porcius Léca, faisait adopter la fameuse loi dite Porcia, qui défendait de lier, de battre de verges et de mettre à mort un citoyen romain; le sénat, voyant avec jalousie Carthage réparer ses désastres sous l'administration d'Annibal, envoyait contre l'avis de Scipion, trois ambassadeurs demander qu'on leur livrât Annibal qui, obligé de fuir pour sauver sa vie, se réfugia à la cour d'Antiochus avec lequel il avait de secrètes intelligences; les indomptables Espagnols et les peuples belliqueux qui habitaient le nord de l'Italie, les Ligures, les Gaulois cisalpins, et surtout les Insubres et les Boïens, se soulevaient à la fois contre les Romains.

278. *Quelles furent les premiers événemens de*

ces guerres? La lutte en Espagne comme au nord de l'Italie, fut longue et meurtrière. Caton envoyé contre les Espagnols pour venger la défaite et la mort du préteur Sempronius, remporta en 195, près d'Empories, une grande victoire à la suite de laquelle il fit raser les murailles de quatre cents villes ou bourgades. Toute l'Espagne jusqu'à l'Ebre parut soumise. En Italie les Insubres (à l'ouest de l'Adda), trahis par les Cénomans autre peuple gaulois (à l'est de l'Adda), furent vaincus en 197 par Cornélius Cethégus, et en 196, par Claudius Marcellus, près de Côme. Ils se soumirent. Quant aux Ligures et aux Boïens, affaiblis par leurs défaites, mais non domptés, ils résistèrent longtemps encore.

***

§ V. — Guerre contre Antiochus.

Lucius Scipion s'illustrant en Asie
Défit Antiochus aux champs de Magnésie.

279. *Pourquoi les Romains firent-ils la guerre à Antiochus-le-Grand, roi de Syrie?* La présence d'Annibal à la cour d'Antiochus, et les conquêtes de ce prince sur le roi d'Egypte Ptolémée Philopator avaient alarmé les Romains; ils envoyèrent à la cour de Syrie une ambassade pour demander la liberté des villes grecques de l'Asie-Mineure et l'évacuation de la Chersonèse de Thrace, qu'avait envahie Antiochus. Le roi de Syrie n'ayant point voulu faire droit à ces prétentions, la guerre fut déclarée.

280. *Quels peuples embrassèrent le parti des Romains et celui d'Antiochus?* Une partie des villes de la Grèce, et principalement les Étoliens, qui avaient deviné les projets ambitieux du sénat, se rangèrent du parti d'Antiochus. Les Rhodiens, Eumène, roi de Pergame, et Philippe, roi de Macédoine, embrassèrent celui des Romains.

281. *Quels furent les succès et les fautes d'Antiochus?* Le roi de Syrie, déclaré généralissime des forces de la Grèce, prit d'abord Chalcis, l'île d'Eubée et plusieurs villes en Thessalie; mais, oubliant au milieu des plaisirs les conseils d'Annibal, qui l'engageait à passer en Italie, il donna le temps au consul Acilius d'arriver en Grèce avec ses troupes. Antiochus fut battu aux Thermopyles en 192 dans une bataille importante où Caton se distingua; les Rhodiens battirent les flottes syriennes, et Antiochus fut contraint d'abandonner la Grèce et de revenir en Asie.

282. *Que firent alors les Romains?* Le sénat chargea Lucius Scipion de continuer et de terminer la guerre; son frère Scipion l'Africain consentit à lui servir de lieutenant. Les Romains pénétrèrent en Asie, et gagnèrent en 190 la bataille de Magnésie. Scipion reçut les honneurs du triomphe et le surnom d'Asiatique. Les richesses qu'il introduisit à Rome commencèrent à corrompre les mœurs.

283. *Quelles conditions de paix les Romains imposèrent-ils à Antiochus?* Les Romains obligèrent le roi de Syrie à abandonner toute l'Asie mineure jusqu'au mont Taurus, et à leur livrer Annibal; celui-ci, n'ayant plus d'asile auprès d'Antiochus, se retira chez Prusias, roi de Bithynie.

284. *Quels succès obtinrent encore les Romains en Asie et en Grèce, après avoir battu Antiochus?*

Manlius Vulso, successeur de Lucius Scipion, battit en 189 les Galates originaires des environs de Toulouse et établis en Phrygie depuis 90 ans; dans la même année Fulvius Nobilior, secondé par les Epirotes, défit les Étoliens qui s'étaient révoltés, s'empara d'Ambracie, la clef de leur pays, et les força à demander la paix.

———

Tandis qu'en Orient triomphent les Romains,
Scipion Nasica repousse les Boïens.
Longtemps combat l'Espagne avant d'être asservie.
Le vainqueur d'Annibal est en butte à l'envie :
On l'accuse, il redit ses exploits glorieux,
Puis monte au Capitole et rend grâces aux dieux.
Ennemi de tout luxe, austère, incorruptible,
Caton l'Ancien se montre un censeur inflexible.

285. *Comment se termina la lutte des Boïens et des Ligures contre les Romains?* Tandis que les Romains triomphaient en Orient, les Boïens qui soutenaient depuis dix ans une lutte acharnée contre eux, furent exterminés en 191 par Scipion Nasica. Les débris de ce peuple, abandonnant l'Italie, se réfugièrent sur les bords du Danube. Æmilius et C. Flaminius, envoyés contre les Ligures, les vainquirent, leur ôtèrent leurs armes, et firent construire par leurs troupes victorieuses un grand chemin de Bologne à Arrétie (Arezzo), et un autre de Plaisance à Ariminium (Rimini), suivant la coutume des Romains qui, pour ne pas laisser leurs soldats s'énerver dans l'oisiveté, les employaient à de grands travaux d'utilité publique. Paul Émile transporta un grand nombre de Ligures dans le Samnium; leur soumission fut entièrement achevée en 180.

286. *Quelle résistance les Romains éprouvè-*

rent-ils en Espagne? La pacification qui suivit la victoire remportée à Empories par Caton ne fut pas de longue durée. Les Espagnols avaient aidé les Romains à expulser les Carthaginois, par haine de l'étranger et non par amour pour Rome; mais quand ils virent qu'elle leur envoyait des préteurs et voulait traiter l'Espagne en pays conquis, ils repoussèrent ce nouveau joug. Braves, fiers, sobres, agiles, ils faisaient dans les montagnes une guerre qui déconcertait la tactique romaine. Le plus souvent battus, mais reprenant les armes avec une héroïque constance, ils prolongèrent la lutte jusqu'en 170, et de cette époque à 154 l'Espagne parut enfin soumise.

287. *Quels faits importans se passaient à Rome pendant que les armées de la république étendaient ses conquêtes?* Le consul Posthumius Albinus, en 186, découvrit et abolit la célébration des Bacchanales qui s'étaient introduites clandestinement à Rome. M. Fulvius, pour accomplir un vœu qu'il avait fait dans la guerre d'Étolie, donna des jeux où l'on vit pour la première fois des combats d'athlètes. L'esprit de cabale se manifesta dans les classes élevées, particulièrement par les attaques de Caton l'Ancien contre les deux Scipions.

288. *Quel reproche les tribuns du peuple adressèrent-ils à Scipion l'Africain?* Les deux Pétilius, excités, à ce qu'on croit, par Caton, accusèrent Scipion l'Africain de péculat, et lui reprochèrent de s'être laissé corrompre par Antiochus.

289. *Comment Scipion se justifia-t-il?* Réduit à paraître devant le peuple, Scipion, au lieu de se justifier, s'écria : « Romains, à tel jour qu'aujourd'hui j'ai vaincu Annibal et Carthage : allons au Capitole en remercier les dieux. » Tout le peuple,

entraîné par ces paroles, suivit ce grand homme.

290. *Que devint ensuite Scipion l'Africain?* Prévoyant tous les dégoûts qu'on lui préparait, il se retira à Literne, où il vécut dans une retraite obscure jusqu'à sa mort, arrivée l'an 183.

291. *Comment les tribuns se conduisirent-ils envers Scipion l'Asiatique, après la mort de son frère?* A l'instigation de Caton, les tribuns Pétilius renouvelèrent l'accusation contre Scipion l'Asiatique, qui fut condamné par le peuple à une forte amende. Comme Scipion protestait contre ce jugement, on ordonna de le conduire en prison. Le tribun Tibérius Gracchus s'opposa à l'exécution de cette sentence ; cependant les biens de Scipion furent vendus à l'encan, et cette vente ne put fournir la somme qu'il devait payer. Ses parens et ses amis lui offrirent des sommes considérables, mais il n'accepta que ce qui était nécessaire pour vivre avec décence; il termina le reste de sa vie dans l'obscurité.

292. *Quels personnages marquans moururent la même année que Scipion l'Africain?* A l'époque où Scipion l'Africain terminait ses jours à Literne, Philopœmen fut mis à mort par les Messéniens, qui l'avaient fait prisonnier; Annibal, poursuivi par la haine des Romains, ne voulant pas tomber vivant entre leurs mains, prit du poison qu'il portait toujours dans le chaton d'une bague, et mourut chez Prusias, à l'âge de 65 ans.

293. *Comment se distingua Caton?* Marcus Porcus, surnommé tantôt Caton l'Ancien, tantôt Caton le Censeur, était fils d'un simple plébéien; il se distingua de bonne heure par son courage à la guerre, par sa connaissance des lois, par son éloquence et par une grande austérité de mœurs. Il fut, en

202, questeur ou trésorier de l'armée que Scipion devait conduire en Afrique, et voulut user des droits de sa charge pour réformer les dépenses du général : tel fut entre ces deux hommes illustres le commencement d'une rivalité qui ne s'éteignit qu'avec leur vie. Nommé consul en 195, Caton fit avec succès la guerre en Espagne et obtint les honneurs du triomphe; il servit ensuite comme lieutenant en Thrace et en Thessalie, et contribua puissamment aux succès du consul Acilius; enfin, en 184, il parvint à la censure au grand effroi des familles nobles, qui craignaient sa sévérité.

294. *Comment Caton exerça-t-il la censure?* Caton s'efforça de réprimer le luxe qui s'était glissé à Rome après les conquêtes d'Asie, et voulut maintenir la simplicité des mœurs antiques. Il voua sa vie à cette cause ; mais, en dépit de ses efforts, la corruption prit chaque jour de nouvelles forces ; le luxe et les voluptés de l'Orient s'introduisirent à Rome, et les Romains perdirent peu à peu leurs vertus publiques.

---

§ **VI. — Troisième et quatrième guerre de Macédoine.**

Paul Emile à Pydna de Persée est vainqueur;
Le sénat tout puissant des rois est la terreur.
L'imposteur Andriscus se dit fils de Persée.

295. *Quelle fut la cause de la troisième guerre que les Romains firent en Macédoine ?* Persée, fils de Philippe, avait hérité de la haine de son père envers les Romains; voulant s'affranchir de leur tutelle, il chercha à soulever contre eux la Grèce et l'Asie. Eumène, sur l'alliance duquel il comptait, dévoila ses plans au sénat; Persée voulut le

faire assassiner, et malgré les ambassades qu'il envoya à Rome pour se justifier, la guerre lui fut déclarée par les Romains.

296. *Quelles étaient les dispositions des peuples et des rois de la Grèce, de l'Asie, de l'Afrique, au moment de la troisième guerre de Macédoine?* Eumène, roi de Pergame, Ariarathe, roi de Cappadoce, Ptolémée, roi d'Egypte, Massinissa, roi de Numidie, et les Rhodiens, promirent de seconder les Romains ; Persée comptait beaucoup de partisans dans la Thessalie, dans la Thrace et dans l'Illyrie. Antiochus, roi de Syrie, promit d'embrasser le parti des Romains, mais se préparait à conquérir l'Egypte, tandis qu'ils seraient occupés en Macédoine.

297. *Quels furent les principaux faits de cette guerre?* Les Macédoniens remportèrent d'abord quelques avantages sur le consul Licinius, et sur Quintius Marcius son successeur; mais au moment où ils auraient pu battre complétement ce dernier, qui s'était imprudemment avancé dans la Macédoine, une terreur panique s'empara de Persée, et il se retira à Pydna, laissant son royaume ouvert aux ennemis. Malgré cette faute la guerre traîna en longueur; Attale et les Rhodiens envoyèrent des ambassadeurs au sénat en faveur du roi de Macédoine, mais ils ne réussirent qu'à attirer sur eux la haine des Romains.

298. *Quelle fut l'issue de la guerre?* Paul Emile ayant été nommé consul, fut envoyé en Macédoine; il défit Persée à Pydna en 168, et le fit prisonnier avec toute sa famille. La Macédoine fut divisée en districts indépendans les uns des autres. Ainsi finit ce royaume, qui avait duré 631 ans, depuis Cara-

nus son premier roi. Paul Emile reçut le surnom de Macédonique, et Persée, après avoir orné son triomphe, ne pouvant survivre à sa honte, se laissa mourir de faim. Deux de ses enfans moururent de même; un troisième, nommé Alexandre, se fit d'abord menuisier, puis occupa dans la suite une place de greffier à Rome.

299. *Quelle fut la conduite des Romains envers les autres nations, après la guerre de Macédoine?* Après avoir vaincu Persée, Rome, sentant toute sa force, enleva la Carie et la Lydie aux Rhodiens. Le sénat défendit par un décret à tous les rois de venir à Rome; des ambassadeurs furent envoyés en Syrie pour régler les affaires de ce pays qui, après plusieurs révolutions fomentées par le sénat, fut réduit en province romaine en 64.

300. *Pourquoi les Romains firent-ils une quatrième guerre en Macédoine?* Tandis que les Romains étaient occupés de la troisième guerre punique, un certain Andriscus, se disant fils de Persée, se fit proclamer roi de Macédoine en 152; il fit alliance avec les Thraces et devint très redoutable aux Romains. Cependant il fut vaincu près de Pydna par Métellus, à qui cette victoire valut, comme à Paul Emile, le surnom de Macédonique. La Macédoine fut réduite en province romaine l'an 147.

---

§ VII. — Troisième guerre punique.

En cent quarante-six, Carthage est renversée.
Corinthe doit sa ruine au consul Mummius.

301. *Quelle fut la cause apparente de la troisième guerre punique?* Massinissa, comptant sur son alliance avec les Romains, faisait sans cesse

des empiètemens sur le territoire des Carthaginois qui adressaient au sénat romain d'inutiles plaintes. Rome envoya enfin pour prononcer sur cette affaire, des commissaires au nombre desquels était Caton. Les Carthaginois n'ayant pas voulu se soumettre à des arbitres auprès desquels Massinissa avait d'avance gagné sa cause, prirent les armes contre le roi de Numidie, et Rome, sous prétexte de soutenir son allié, déclara la guerre à Carthage : telle fut la cause apparente de la troisième guerre punique qui commença en 149.

302. *Quelle fut la véritable cause de la troisième guerre punique?* La haine implacable des Romains contre Carthage fut la véritable cause de la troisième guerre punique. Cette haine était nourrie surtout par Caton le Censeur qui, toutes les fois qu'il opinait dans le sénat finissait en disant : « Tel « est mon avis et aussi que l'on détruise Carthage.»

303. *Qui s'opposait cependant à la destruction de Carthage?* Un seul homme, Scipion Nasica, le fils de celui qui avait vaincu les Boïens et le gendre de Scipion l'Africain, voulait que Carthage fût conservée parce qu'il craignait que Rome, n'ayant plus à redouter une ville rivale, ne se laissât amollir par la prospérité.

304. *Quel parti prirent les Carthaginois ?* Dès que les Carthaginois eurent appris que le sénat ne leur pardonnait pas d'avoir usé contre Massinissa du droit de légitime défense, ils envoyèrent des ambassadeurs pour déclarer qu'ils s'en remettaient à la discrétion du peuple romain; mais les consuls étaient déjà partis pour la Sicile et les ambassadeurs carthaginois durent les y rejoindre; ce ne fut cependant qu'à Utique qu'ils purent apprendre le sort qui était réservé à leur patrie.

305. *Quels furent les ordres auxquels les Carthaginois durent se soumettre?* Le consul Marcius Censorinus leur commanda de lui livrer leurs armes et leurs machines de guerre; puis lorsqu'il se vit maître de tous leurs moyens de défense, il leur ordonna d'abandonner Carthage et de s'établir à dix milles des côtes. Réduits au désespoir, les Carthaginois résolurent de se défendre jusqu'à la dernière extrémité.

306. *Comment se termina la troisième guerre punique?* Carthage, défendue par Asdrubal, après avoir opposé aux Romains la plus vive résistance, fut prise par Scipion Emilien, fils de Paul Emile et petit-fils, par adoption, de Scipion l'Africain. Cette ville, qui avait subsisté 744 ans, fut détruite de fond en comble l'an 146, le territoire en fut réduit en province romaine, et Scipion prit le surnom de *second Africain.*

307. *Comment périt la femme d'Asdrubal?* Le feu ayant été mis par des réfugiés et des bannis au temple d'Esculape où s'était retirée la femme d'Asdrubal, elle prit dans ses bras ses deux enfans et se précipita avec eux au milieu des flammes, en vomissant mille imprécations contre son mari qui s'était rendu secrètement auprès de Scipion pour lui demander la vie.

308. *Comment finit la ligue Achéenne?* Des démêlés s'étant élevés en 150 entre Lacédémone et les Achéens, Rome envoya en Grèce des commissaires qui semblaient plutôt porter des ordres que des moyens de conciliation; par un décret, ils détachèrent de la ligue Achéenne Sparte, Argos, Corinthe et d'autres villes. Les Achéens, excités par Diæus, chef de leur confédération, voyant dans cette mesure le prélude de leur ruine, insultèrent les commissaires romains et prirent les armes contre Rome.

309. *Quelle fut l'issue de cette lutte ?* Les Achéens furent vaincus par Métellus et par Mummius qui livra Corinthe aux flammes (1), réduisit la Grèce en province romaine sous le nom d'Achaïe, l'an 146, et fit transporter à Rome les statues, les vases et les tableaux précieux qui se trouvaient à Corinthe.

310. *Quelles lois furent alors données à Rome ?* Plusieurs lois importantes furent promulguées l'an 149, savoir : la loi Calpurnia, qui autorisait les peuples sur lesquels les gouverneurs de province avaient exercé des concussions, à s'adresser aux juges pour se faire restituer ce qui leur avait été injustement enlevé; la loi Gabinia, qui introduisait le scrutin secret pour donner les suffrages dans les élections des magistrats, et qui fut ensuite étendue aux jugemens et aux assemblées du peuple où il s'agirait de l'établissement des lois; et diverses lois somptuaires qui fixaient les dépenses de la table.

---

§ **VIII.** — Guerre en Lusitanie contre Viriathe.

Viriathe succombe et Numance n'est plus

311. *Quel effet produisit la domination des Romains en Espagne vers la fin de la troisième guerre punique?* L'avarice et la cupidité des proconsuls

---

(1) L'or, l'argent et le cuivre qui se fondirent dans l'embrasement de Corinthe formèrent à ce que croyaient les anciens, ce métal précieux, connu sous le nom d'*airain de Corinthe.*

romains avaient révolté les fiers habitans de l'Espagne qui, loin d'avoir été entièrement soumis, étaient parvenus à jeter, par leurs révoltes fréquentes, un si grand découragement dans la jeunesse romaine qu'elle refusait de s'enrôler pour faire la guerre dans cette contrée.

312. *Quel redoutable adversaire Rome rencontra-t-elle en Espagne?* Un simple paysan de Lusitanie, nommé Viriathe, s'était surtout fait craindre des Romains; à la tête de quelques vagabonds, il avait soulevé la Lusitanie en 146. Pendant 6 ans il inquiéta et battit souvent les Romains; en 140 il imposa des conditions de paix au consul Fabius Maximus, fils de Paul Emile, et le sénat ne put se débarrasser de ce redoutable adversaire qu'en le faisant assassiner peu de temps après.

313. *La guerre fut-elle terminée par la mort de Viriathe?* La guerre n'en continua pas moins contre les Espagnols malgré la mort de Viriathe; les belliqueux habitans de Numance repoussèrent de leurs murs le consul Mancinus, et réussirent à l'enfermer avec son armée forte de 30,000 hommes dans un défilé d'où il ne sortit qu'en signant une paix honteuse sous la garantie de Tibérius Gracchus, son questeur.

314. *Que fit le sénat après la défaite de Mancinus?* Le sénat refusa de ratifier le traité conclu par ce consul et fit livrer Mancinus aux Numantins qui refusèrent de le recevoir dans leur ville.

315. *Comment se termina la guerre de Numance?* Le sénat eut recours aux talens de Scipion Émilien, il fut nommé consul et se rendit en Espagne. Après avoir rétabli la confiance de l'armée, il alla investir Numance; vivement pressés par Scipion

en 133, les indomptables Numantins, après 15 mois d'une résistance opiniâtre, mirent le feu à leur ville pour échapper à l'esclavage; ils périrent dans les flammes avec toutes leurs richesses. Scipion fit raser ce qui restait de leur ville. Le plébéien Caïus Marius et Jugurtha, prince Numide, servaient alors avec distinction dans l'armée romaine. L'Espagne, à l'exception des Cantabres, des Astures et des Vascons, rentra sous la domination romaine.

§ IX. — Guerre contre les esclaves de Sicile. Guerre contre Aristonic. État de Rome.

Rupilius combat la révolte en Sicile;
L'esclave Eunus déploie un courage inutile;
Pour héritier Attale a le sénat romain.

316. *Comment la tranquillité de la Sicile fut-elle troublée vers cette époque?* La dureté avec laquelle les Romains traitaient leurs esclaves en Sicile, avait poussé à bout ces malheureux; ils s'étaient révoltés et s'étaient donné pour roi un certain Eunus, né en Syrie. Le succès couronna d'abord leurs efforts; quatre préteurs envoyés contre eux furent successivement défaits; la révolte s'étendit même en Italie et jusque dans Rome. Calpurnius Pison arrêta leurs progrès, mais ce fut le consul Rupilius qui eut l'honneur de terminer cette guerre en 132; il s'empara d'Enna et de Tauromenium, principales places fortes des révoltés et acheva ensuite la pacification de l'île. Eunus, fait prisonnier, périt misérablement.

317. *Quelle importante province acquirent alors les Romains en Asie?* Vers l'année 133 Attale III, roi de Pergame, frère et successeur d'Eumène, légua en mourant ses biens au sénat et au peuple romain. Aristonic, fils naturel d'Eumène, s'empara du royaume et défit le consul Licinius Crassus qui avait été envoyé contre lui ; mais il fut à son tour vaincu par Perpenna. Aquilius, son successeur, empoisonna les sources pour forcer plusieurs villes à capituler ; il acheva par cet odieux moyen la conquête du royaume de Pergame qui fut réduit en province romaine sous le nom de province d'Asie en 129.

318. *Quels pays les Romains possédaient-ils alors ?* Ils avaient réduit en provinces romaines la Sicile, la Corse, la Sardaigne, la Ligurie, la Gaule cisalpine, le territoire de Carthage, les deux Espagnes, la Macédoine, la Grèce, l'Illyrie et la plus grande partie de l'Asie-Mineure.

319. *Quel changement remarque-t-on dans le caractère et les mœurs des Romains vers la fin du deuxième siècle avant J.-C.?* Les nombreuses victoires des Romains, leur puissance en Europe, en Asie et en Afrique, avaient banni de Rome l'austère vertu et la simplicité des beaux jours de la république ; n'ayant plus ni à se défendre de leurs ennemis, ni à conquérir, ils se disputèrent entre eux les fruits de leurs conquêtes et les jouissances de leur domination ; l'orgueil, l'ambition, le luxe et l'avarice remplacèrent les bonnes mœurs, la justice et l'amour de la patrie ; la corruption était employée pour arriver au pouvoir ; tout présageait enfin la chute prochaine et inévitable de la république.

320. *Quel était l'état intérieur de Rome au moment où éclata la révolte des esclaves en Sicile ?* La puissance du sénat était presque sans bornes. Les

grandes familles s'étaient approprié presque toutes les terres de la république et jouissaient seules du fruit de toutes les conquêtes, pendant que les dernières classes languissaient dans la misère. Les anciens patriciens et les descendans des plébéiens qui étaient parvenus aux charges curules, s'étaient ligués pour fermer à d'autres plébéiens ou à des *hommes nouveaux*, comme ils les appelaient, l'accès des magistratures devenues alors d'un profit immense par l'administration des provinces. Enfin tout appelait une réforme dans l'état lorsque les Gracques parurent.

TROISIÈME PARTIE.

TROUBLES CIVILS.

(146-31. Espace de 115 ans.)

---

§ I. — Les Gracques.

Les Gracques, petits-fils du premier Africain,
Se font chefs tous les deux du parti populaire,
Et chacun d'eux n'obtient qu'un succès éphémere.
Près d'Aix sous Sextius les Romains sont vainqueurs.
De deux villes en Gaule ils sont les fondateurs.

321. *Qui étaient les Gracques ?* Tibérius et Caïus Gracchus étaient nés du tribun Sempronius Gracchus et de Cornélie fille du premier Africain ; ils avaient une sœur qui épousa Scipion le second Africain.

322. *Comment Cornélie avait-elle montré sa tendresse et son zèle pour ses enfans ?* Cornélie, restée veuve, refusa la main d'un Ptolémée, roi d'Égypte; elle se voua tout entière à l'éducation de ses fils qui, formés par ses leçons, devinrent les jeunes Romains les plus accomplis de leur temps; pour leur inspirer l'amour de la gloire, elle leur disait souvent : « On ne me nomme jamais que la belle-mère de Scipion, quand donc me nommera-t-on la mère des Gracques ? » Ses fils faisaient tout son orgueil; un jour qu'une dame de Campanie lui faisait voir avec complaisance ses bijoux, Cornélie fit venir ses deux enfans et lui dit : « Voilà mes bijoux et mes ornemens. »

323. *Quels sont les motifs qui engagèrent Tibérius à briguer le tribunat?* L'arrêt que le sénat avait porté contre le consul Mancinus sous lequel Tibérius servait au siége de Numance, la misère des pauvres plébéiens et le spectacle de dépopulation qu'offraient les campagnes romaines l'engagèrent à embrasser la cause du peuple, et à se faire nommer tribun en 133.

324. *Que fit Tibérius Gracchus lorsqu'il eut été nommé tribun du peuple?* Afin de ruiner le parti aristocratique et de gagner l'affection du peuple, il renouvela une ancienne loi de Licinius Stolon qui défendait à tout citoyen de posséder plus de 500 arpens de terre, adjugea au peuple par une loi les trésors provenant de la succession d'Attale, et fit destituer son collègue Octavius qui, gagné par le sénat, s'opposait à ses desseins. Trois commissaires furent ensuite nommés pour faire exécuter la loi agraire : ce furent Tibérius lui-même, Caïus son frère et Appius Claudius son beau-père.

325. *Quelle fut la fin de Tibérius?* Tibérius fut accusé d'aspirer à la tyrannie par le parti aristocratique que dirigeait Scipion Nasica, son parent,

fils de celui qui s'opposait à la destruction de
Carthage. L'atteinte que Tibérius avait portée à la
puissance tribunitienne en faisant destituer son collègue Octavius, avait refroidi le peuple à son égard.
Il fit de nouvelles propositions populaires afin de se
faire continuer dans le tribunat pour l'année suivante; mais le jour de l'assemblée, ayant appris au
milieu du tumulte que les riches voulaient le tuer,
il porta la main à sa tête pour faire comprendre à
ceux qui l'entouraient le danger dont il était menacé. Ses ennemis s'écrièrent qu'il demandait la
couronne, et Scipion Nasica s'élança contre lui à la
tête d'une partie des sénateurs. Le tribun fut massacré au pied de la tribune avec trois cents de ses
amis. Le peuple se repentit bientôt d'avoir abandonné Gracchus, et le sénat, pour soustraire Nasica
à la haine publique, lui donna un commandement
en Asie.

326. *Quel personnage remarquable mourut
alors?* Scipion Emilien, ayant encouru la haine du
peuple pour avoir approuvé le meurtre de Tibérius et pour s'être opposé à l'exécution de la loi
agraire, fut trouvé mort dans son lit et fut privé
des funérailles publiques.

327. *Que devint Caïus Gracchus après la mor*
de son frère? Pendant deux ans Caïus Gracchus
affecta de ne point se mêler des affaires publiques;
il se livrait à l'éloquence. Le sénat que ses vertus
inquiétaient, prit tous les moyens pour l'empêcher
de parvenir au tribunat. Profitant d'un soulèvement en Sardaigne, il l'y envoya en qualité de
questeur. Dans cette charge, Caïus révéla ses grands
talens et se fit adorer de l'armée. La seconde année
de sa questure étant révolue, le sénat voulut le retenir en Sardaigne comme proquesteur; mais il

revint à Rome briguer le tribunat qui lui fut donné avec acclamation par le peuple.

328. *Quel but se proposa Caïus lorsqu'il eut été nommé tribun en* 123? Caïus voulut à la fois venger la mort de son frère en ruinant l'autorité du sénat, et se donner à lui-même un pouvoir sans bornes en flattant le peuple.

329. *Que fit Caïus pour atteindre à ce double but?* Il confirma la loi agraire et ordonna de vendre tous les mois au peuple du blé à vil prix. Continué dans le tribunat l'année suivante, il transféra l'exercice de la justice des sénateurs aux chevaliers, accorda aux Latins et à tous les alliés de l'Italie le droit de cité, et proposa l'établissement de nouvelles colonies. Arbitre de la république, il semblait être parvenu au terme de ses désirs.

330. *De quel artifice le sénat usa-t-il envers Caïus?* Ne pouvant lui résister ouvertement, le sénat suscita contre lui le tribun Livius Drusus qui, pour contrebalancer le crédit de Caïus, proposa, de l'aveu des patriciens, des lois encore plus populaires que celles de son collègue. Celui-ci sentant décroître son crédit, conduisit une colonie à Carthage et en releva les murs.

331. *Quel revers Caïus éprouva-t-il lorsqu'il fut de retour à Rome?* Il échoua, en 122, dans la demande d'un troisième tribunat et le consul Opimius, son ennemi personnel, abrogea la plupart de ses lois. Simple particulier, Caïus entreprit de les défendre de vive force. Il arma ses partisans et se retrancha sur le mont Aventin. De là il fit proposer au sénat, assemblé au Capitole, d'entrer en accommodement afin d'éviter l'effusion du sang romain. Le sénat se refusa à toute concession. Opimius mit à prix la tête de Caïus, et suivi des

grands et des archers crétois, chargés de la police de Rome, il marcha contre les partisans de l'ancien tribun et les dispersa. Trois mille périrent. Caïus, sur le point de tomber au pouvoir de ses ennemis, se fit tuer par un de ses affranchis. Le parti aristocratique reprit le pouvoir et la loi agraire fut bientôt abolie.

332. *Quelles conquêtes les Romains firent-ils pendant et peu de temps après les troubles excités par les Gracques?* Les Romains portèrent leurs armes dans la Gaule transalpine en 126. Sextius défit les Salluviens et d'autres peuples gaulois qui avaient attaqué les Marseillais, fidèles alliés des Romains. Il bâtit Aix en 123. Deux ans après les Romains vainquirent près d'Avignon les Allobroges et Bituitus, roi des Arverniens, qui avaient embrassé la cause des Salluviens ; ils reçurent dans leur alliance les Eduens et réduisirent, l'an 118, la Gaule méridionale en province romaine. En 117, Marcius Narbo fonda Narbonne. L'année même de la fondation d'Aix, le consul Cæcilius Métellus avait soumis les îles Baléares.

----

§ II. — Guerres contre Jugurtha et contre les Cimbres.

Marius en cent six soumet la Numidie;
Puis combat les Teutons et sauve sa patrie.

333. *Comment Jugurtha parvint-il à régner sur une partie de la Numidie?* Massinissa mourut en 148, laissant trois fils, Micipsa, Gulussa et Manastabal, entre lesquels Scipion Emilien partagea la Numidie. Par la mort de ses frères, Micipsa réunit tout le royaume qu'il gouverna avec prudence pendant 30 ans. En mourant, il institua conjointe-
6.

ment pour ses héritiers ses deux fils, Adherbal et Hiempsal, et son neveu Jugurtha qu'il avait adopté forcément. Peu de temps après la mort de Micipsa, Jugurtha assassina Hiempsal.

334. *Qu'est-ce qui donna lieu à la guerre contre Jugurtha?* Adherbal vint à Rome implorer la vengeance du sénat contre le meurtrier de son frère. Les sénateurs, gagnés par l'or de Jugurtha, envoyèrent en Afrique des commissaires qui firent, entre Adherbal et Jugurtha, un partage de la Numidie, tout à l'avantage de ce dernier dont l'ambition ne fut pas encore satisfaite. Il ne tarda pas à envahir les états d'Adherbal, l'assiégea dans Cirta, sa capitale, et, après avoir pris la ville, le fit périr dans d'affreux tourmens. A la nouvelle de ce second forfait, le sénat, cédant enfin à l'indignation publique, envoya contre Jugurtha une armée sous le commandement de Calpurnius Bestia et de Scaurus. Tous les deux se laissèrent corrompre, et lui vendirent la paix.

335. *Que se passa-t-il à Rome lorsqu'on eut connu la conduite du consul Calpurnius?* Le tribun Memmius empêcha le sénat de confirmer le traité, et Jugurtha fut cité à Rome pour se justifier. Il gagna l'un des tribuns et aurait été probablement absous, si par un nouveau crime il n'eût rendu la chose impossible. Il fit assassiner dans Rome même son cousin Massiva, fils de Gulissa, puis il partit de Rome en s'écriant : « Ville à vendre dès qu'elle trouvera un acheteur ! »

336. *Quelle fut la suite de la guerre contre Jugurtha jusqu'au moment où Marius fut chargé du commandement ?* Une nouvelle armée fut envoyée contre Jugurtha en Numidie; il la contraignit de passer sous le joug. Métellus, général inaccessible à la corruption, vengea l'affront fait aux armes romaines. Malgré les grands talens militaires que Jugurtha déploya alors et malgré son alliance avec son beau-père Bocchus, roi de Mauritanie, Métellus aurait terminé la guerre, s'il n'eût été supplanté par son lieutenant C. Marius qui parvint à se faire nommer consul en 107.

337. *Qui était Marius ?* Marius était né à Arpinum de parens obscurs ; tribun, il se rendit populaire par sa haine de l'aristocratie ; lieutenant de Métellus, il s'était fait des partisans dans l'armée en décriant son général. Son élévation au consulat fut une révolution. Le premier il enrôla des prolétaires dans les légions romaines.

338. *Quelle fut la conséquence de cette innovation ?* Jusqu'alors on n'avait enrôlé dans les légions que des hommes qui, possédant quelques biens, restaient citoyens sous les drapeaux ; Marius en armant la populace, fit du service militaire un métier ; les légions composées de pauvres que rien n'attachait à leur patrie, ne furent plus les armées de la république, mais celles des chefs qui leur donnaient de la gloire et du butin.

339. *Comment finit la guerre contre Jugurtha ?* Marius, secondé par Lucius Cornélius Sylla son questeur, vainquit Jugurtha et Bocchus. Ce dernier gagné par Sylla, livra Jugurtha aux Romains en 106. Ce fut ainsi que Sylla ravit indirectement à son général la gloire d'avoir terminé la guerre de Numidie comme Marius l'avait enlevée à Métellus. De là naquit la haine furieuse qui éclata depuis entre Marius et Sylla. Une partie de la Numidie fut réunie à la province d'Afrique. Le reste fut partagé entre Bocchus et deux petits-fils de Massinissa. Jugurtha, après avoir orné le triomphe de

Marius, fut jeté dans un cachot où il périt de faim.

340. *Quelle grande émigration de peuples eut lieu en Europe pendant la guerre de Jugurtha?* Les Cimbres et les Teutons partirent des bords de la mer Baltique et du nord de la Germanie, et se dirigèrent vers l'Occident, cherchant une nouvelle patrie, et conduisant avec eux leurs femmes et leurs enfans.

341. *Quels échecs ces peuples firent-ils éprouver aux Romains?* Ils vainquirent dans le Norique le consul Carbon; puis il pénétrèrent en Helvétie et attaquèrent la Gaule romaine où ils voulaient s'établir. Le consul Silanus leur ayant refusé des terres, ils mirent en pièces son armée l'an 109 et celles de Scaurus et de Cassius les deux années suivantes; l'an 106, ils remportèrent sur Cépion et Mallius, près d'Orange, une mémorable victoire où Rome perdit 80 000 soldats.

342. *Quel parti le peuple romain prit-il après ce désastre?* Le peuple romain ne crut pouvoir trouver qu'en Marius le sauveur de l'Italie, il l'éleva quatre ans de suite au consulat. Les excursions des Cimbres en Espagne d'où ils furent repoussés par les Celtibériens, laissèrent à Marius le temps de préparer des moyens de défense.

343. *Quelles défaites Marius fit-il éprouver aux Cimbres et aux Teutons?* Ces deux peuples, après s'être réunis dans la Gaule, se séparèrent de nouveau et tentèrent de pénétrer en Italie, les Teutons par la Ligurie et les Cimbres par la vallée de l'Adige. Marius extermina les Teutons près d'Aix et alla rejoindre l'armée de Catulus que les Cimbres avaient repoussée des bords de l'Adige sur ceux du Pô. Secondé par Catulus et par Sylla, il les mit en pièces près de Verceil l'an 101. Leur

nation périt dans ce combat. Les femmes Cimbres immolèrent les fuyards et se tuèrent elles-mêmes après avoir massacré leurs enfans.

344. *Qu'arriva-t-il en Sicile au moment de la guerre contre les Cimbres et les Teutons?* Il y eut en Sicile de l'an 104 à l'an 101, une seconde révolte des esclaves. Ils prirent pour roi Salvius et après lui Athénion; ils eurent d'abord quelques succès, mais vaincus par Manius Aquilius qui tua de sa main Athénion, ils périrent par le fer ou la faim. Les deux guerres serviles coûtèrent la vie à un million d'esclaves.

Auteurs célèbres du second siècle avant J.-C.

Plaute, Ennius, Térence ont pour contemporain
L'ami de Scipion, Polybe, historien.

345. *Quels sont les auteurs qui appartiennent au second siècle avant J.-C.?* Les poëtes latins *Plaute, Térence* et *Ennius,* et l'historien grec *Polybe* fleurirent dans le IIe siècle avant J.-C.

Plaute s'est distingué par ses comédies où l'on remarque l'enjouement et la verve comique. Il mourut en 184.

Térence naquit esclave à Carthage en 192, il fut affranchi et vécut dans la familiarité de Lælius et du second Africain qui passèrent pour l'avoir aidé dans la composition de ses comédies, remarquables surtout par l'élégance et la délicatesse.

- *Ennius,* né l'an 240 dans la partie de l'Italie appelée aujourd'hui Calabre, écrivit en vers héroïques les *Annales de la république romaine.* Il fut l'ami de Scipion Emilien qui voulut avoir un tombeau commun avec lui. Virgile lui emprunta plusieurs vers qu'il qualifiait de perles tirées du fumier.

Polybe, fils de Lycortas l'un des derniers préteurs achéens, naquit à Mélagopolis en 204. Il fut l'un des mille Achéens emmenés à Rome. Ses ouvrages, écrits en grec, font connaître la tactique romaine et ce qu'était l'art de la guerre chez les anciens. Il vécut dans l'intimité de Scipion Émilien qu'il suivit au siége de Numance.

SYNCHRONISMES. IIe SIÈCLE. — 195. Pontificat d'Osias III. — 188. Philopœmen fait entrer Sparte dans la ligue achéenne. — 186. Séleucus IV roi de Syrie. — 181. Philippe III, roi de Macédoine, met à mort son fils Démétrius. — Ptolémée VI, Philométor, roi d'Égypte. — 183. Mort de Philopœmen. — 178. Persée, roi de Macédoine. — 168. Horrible persécution des Juifs par Antiochus IV Épiphane, roi de Syrie. — 162. Antiochus V Eupator, roi de Syrie, est assassiné par Démétrius I Soter. — 107. Aristobule, roi des Juifs.

————

[Premier siècle avant J.-C. — 100 à 1.]

§ III. — Sixième consulat de Marius. Exil de Métellus.

> Métellus, chef des grands, à Marius contraire,
> Lui résiste et s'impose un exil volontaire ;
> Saturninus subit le sort qu'il méritait,
> Et Rome, vers ce temps, de Cyrène héritait.

346. *Quelle fut la conduite de Marius à Rome après la défaite des Cimbres ?* Marius, si utile à sa patrie pendant la guerre, en devint le tyran pendant la paix. Après la défaite des Cimbres, il obtint en l'achetant un sixième consulat. Voulant perdre Métellus, son ennemi personnel et chef du parti du sénat, il forma contre lui en l'an 100 une ligue avec le préteur Glaucia et le tribun Saturninus.

347. *Comment Saturninus était-il parvenu au tribunat et quelle loi proposa-t-il?* Après avoir fait assassiner Nonnius qui lui avait été d'abord préféré, Saturninus se fit tumultuairement proclamer tribun; puis, voulant plaire au peuple, il proposa de lui distribuer les terres que Marius avait reprises sur les Cimbres. Métellus, le seul dans le sénat qui refusât de jurer cette nouvelle loi agraire, s'exila volontairement à Rhodes.

348. *Quel crime commit Saturninus?* Il voulut faire nommer consul Glaucia qui lui était dévoué, mais celui-ci avait dans Memmius un redoutable compétiteur. Saturninus le fit assassiner; ce nouveau forfait excita une indignation générale.

349. *Que fit Marius dans cette circonstance?* Le consul, pour ne point perdre sa popularité, fut forcé de sévir contre ses propres complices; il assiégea Saturninus et ses satellites dans le Capitole où ils s'étaient réfugiés; le peuple ne tarda pas à les massacrer. Marius partit ensuite pour l'Asie afin de n'être point témoin du retour de Métellus que le peuple venait de rappeler sur la proposition du tribun Callidius en 99.

350. *Quelle province les Romains acquirent-ils peu de temps après en Afrique?* Ptolémée Apion, fils de Ptolémée Physcon et roi de la Cyrénaïque, légua, après un règne paisible, ses états aux Romains. Cyrène conserva néanmoins son indépendance, mais en s'engageant à payer un tribut.

§ IV. — Guerre sociale. Première guerre contre Mithridate.

Quand l'Italie obtient le droit de bourgeoisie,
Mithridate–le–Grand fait la guerre en Asie.

351. *A quelle occasion la guerre sociale écluta-t-elle au commencement du premier siècle ?* Le tribun Livius Drusus, fils de celui que le sénat avait opposé à Caïus Gracchus, ayant proposé d'accorder le droit de cité à tous les peuples de l'Italie fut assassiné en 91. Le meurtre de ce tribun devint le signal d'une guerre que les vexations de Rome avait depuis longtemps préparée. Les peuples d'Italie se soulevèrent et formèrent une ligue dans laquelle entrèrent les Marses, les Samnites, les Apuliens, les Lucaniens, etc. Ils prirent pour capitale Corfinium. Le chef et l'âme de l'entreprise était un brave guerrier, Marse d'origine, nommé Pompédius Silo, qui périt dans une bataille.

352. *Quelle fut l'issue de cette guerre ?* Cette guerre nommée sociale dura deux ans; les alliés eurent d'abord de grands succès ; Marius reçut du sénat le commandement de l'armée ; il ne soutint pas sa gloire; Sylla qui servait sous ses ordres augmenta la sienne. Enfin, sous le consulat de Pompéius, père du grand Pompée et de Porcius Caton, le sénat accorda le droit de bourgeoisie aux alliés fidèles, et, après plusieurs victoires, gagnées par Pompéius et Sylla, ce droit fut étendu en 89 à tous les peuples qui avaient pris les armes.

353. *Quelle guerre succéda à la guerre sociale ?* La guerre des alliés était à peine terminée, que Rome eut à combattre dans Mithridate VI Eupator, roi de Pont, le plus redoutable ennemi qu'elle eût encore rencontré depuis Annibal; ce prince, le plus puissant de l'Orient, était cruel, injuste, mais doué d'un vaste génie et d'une invincible persévérance.

354. *Quel fut le sujet de la première guerre que les Romains firent à Mithridate?* Les Romains déclarèrent la guerre au roi de Pont, parce qu'après avoir envahi la Paphlagonie, il avait détrôné Nicomède II, roi de Bithynie, leur allié, et qu'il avait excité Tigrane, roi d'Arménie, son gendre, à attaquer Ariobarzane qu'ils avaient placé sur le trône de Cappadoce.

355. *Qui fut chargé de la conduite de cette guerre?* Le sénat donna à Sylla, qui venait d'être nommé consul en 88, le commandement des troupes destinées à combattre Mithridate.

356. *Que fit Mithridate lorsqu'il eut appris que les Romains avaient chargé Sylla de lui faire la guerre?* Le roi de Pont fit égorger en un même jour tous les Romains qui étaient en Asie au nombre de 80,000, et son lieutenant Archélaüs s'empara avec une incroyable rapidité de la Macédoine, de la Thrace et de la Grèce.

---

§ V. — Rivalité de Marius et de Sylla.

Sont tour à tour proscrits Marius et Sylla;
De tous ses ennemis ce dernier triompha.

357. *Comment cette guerre fut-elle l'occasion d'une guerre civile dans Rome?* Une rivalité funeste éclata entre Sylla et Marius. Celui-ci se ligua avec le tribun Sulpicius pour faire ôter à Sylla le commandement des troupes contre Mithridate; il

se le fit donner ensuite à lui-même par un plébis-
cite. Sylla qui était déjà en Campanie à la tête de
son armée, rentra dans Rome les armes à la main
et y abolit le pouvoir populaire. Sulpicius lui fut
livré par un esclave, et la tête de ce tribun fut attachée à la tribune aux harangues.

358. *Comment Marius échappa-t-il à la mort ?*
Marius se déroba au supplice par la fuite, sa tête fut
mise à prix. Arrêté dans les marais de Minturnes, les
magistrats de ce bourg ordonnèrent sa mort et chargèrent un esclave, Cimbre de nation, d'exécuter la
sentence. Marius désarma son bourreau en lui disant : « Barbare, oseras-tu bien assassiner Caïus Marius ? » Les Minturnois lui donnèrent un frêle esquif,
sur lequel il passa en Afrique ; il débarqua près des
ruines de Carthage. Le préteur Sextilius lui ayant
ordonné de s'éloigner, il répondit à l'officier qu'on
lui envoyait : « Dis à Sextilius que tu as vu Caïus
Marius fugitif au milieu des ruines de Carthage. »
Puis il se retira avec son fils dans les îles voisines
des côtes d'Afrique.

**359. *Que fit Sylla lorsqu'il fut maître dans
Rome ?*** Après avoir abattu le parti populaire, Sylla
rétablit la puissance du sénat. Pour apaiser le peuple, il laissa élever au consulat Cinna, un des chefs
du parti populaire, et fougueux partisan de Marius ; mais accusé par ce consul, il se hâta de se
rendre en Grèce où l'appelaient les succès de Mithridate.

**360. *Comment les ennemis de Sylla profitèrent-
ils de son absence pour ressaisir le pouvoir ?***
Cinna fit tous ses efforts pour relever le parti populaire. Chassé de Rome par Octavius son collègue après un combat sanglant, et dépouillé par le
sénat de la dignité consulaire, il leva une armée en

Campanie et rappela Marius de son exil. Rome, assiégée par quatre armées que commandaient Marius, Cinna, Carbon et Sertorius, fut prise, livrée au pillage et devint le théâtre d'un effroyable massacre. Sylla fut banni, ainsi que ses partisans, par Cinna et Marius qui s'étaient faits consuls; mais ce dernier mourut en 86, dix-sept jours après avoir pris possession de son septième consulat.

361. *Que faisait Sylla en Grèce et en Asie ?* Pendant qu'il était proscrit dans Rome, Sylla s'emparait en 87 de la ville d'Athènes, gagnait sur Archélaüs, en 86, les batailles de Chéronée et d'Orchomène, et chassait entièrement les barbares de la Grèce.

362. *Par quel chef Cinna voulut-il remplacer Sylla dans le commandement des troupes ?* Après la mort de Marius, Cinna avait envoyé en Grèce contre Sylla et contre Mithridate le proconsul Valérius Flaccus avec une nouvelle armée; mais Valérius fut assassiné par son lieutenant Fimbria qui prit ensuite sa place. Fimbria passa en Asie, poursuivit vivement Mithridate et s'en serait emparé, si Lucullus, chef de la flotte de Sylla, ne l'eût laissé échapper.

363. *Quel parti prit Sylla lorsqu'il apprit les succès de ses ennemis ?* Sylla se rendit à Dardanus où Mithridate lui avait demandé une entrevue, et conclut la paix avec le roi de Pont en 85, à condition que ce dernier rendrait toutes ses conquêtes; puis il marcha contre Fimbria et le réduisit à se tuer lui-même; il se prépara ensuite à revenir en Italie où les consuls Carbon et Cinna levaient des troupes pour le combattre.

364. *Quels furent les succès de Sylla à son retour en Italie ?* Cinna ayant été tué à Ancône par

ses propres soldats, Sylla se vit ainsi débarrassé du plus dangereux de ses ennemis ; il débarqua à Brindes en 83, gagna l'armée du consul Scipion, défit celle du consul Norbanus et entraîna dans son parti Pompée qui commandait trois légions. Le fils adoptif de Marius qu'on appelle le jeune Marius et Carbon s'étant fait nommer consuls au commencement de l'année 82, Sylla battit le premier près de Sacriport et l'enferma dans Prénestel Carbon, ne pouvant se maintenir en Etrurie, s'embarqua pour l'Afrique, au moment même ou Sylla courait défendre Rome qu'assiégeait une armée considérable de Samnites commandés par Pontius Télésinus. Il se livra sous les murs mêmes de Rome, près de la porte Colline, une sanglante et décisive bataille que gagna Sylla et qui fut suivie de la chute de Préneste. Le jeune Marius, accompagné d'un jeune chef Samnite, essaya en vain de se sauver ; ces deux fugitifs se donnèrent mutuellement la mort. Triomphant partout, Sylla prit alors le nom d'*heureux*.

---

§ **VI**. — **Dictature de Sylla. Deuxième guerre contre Mithridate.**

Il se fit dictateur, et lassé de vengeance,
Osa, couvert de sang, abdiquer la puissance.

365. *Comment Sylla usa-t-il de sa victoire ?* Maître de Rome, il l'inonda de sang, proscrivit tous les partisans de Marius et permit aux siens de se venger impunément de leurs ennemis particuliers. L'avidité fit encore verser plus de sang que la vengeance : les grands biens devinrent un crime ; de sanglantes listes de proscription étaient chaque jour affichées. Cinq mille citoyens furent portés sur

ces listes fatales. La république était sans consul,
Sylla se fit nommer dictateur perpétuel en 81.

366. *Que fit Sylla pendant sa dictature ?* Sylla
opéra de grandes réformes dans l'Etat; il rendit le
pouvoir judiciaire au sénat qu'il compléta en y introduisant 300 chevaliers; il tarit la source des désordres populaires en restreignant les priviléges
des tribuns. Enfin il couvrit l'Italie des colonies
de ses vétérans et leur abandonna presque toute
l'Etrurie; il ôta aux Latins ce droit de cité qui leur
était si cher, et le donna à dix mille esclaves affranchis qui de son nom furent appelés cornéliens.

367. *Par qui le parti de Marius fut-il entièrement anéanti en Sicile et en Afrique ?* Malgré les
proscriptions sans nombre du dictateur, il restait
encore quelques débris du parti de Marius, et la
guerre continua en Sicile et en Afrique. Pompée,
envoyé pour soumettre la Sicile, s'empara de Carbon dans l'île de Cossyra, et le fit mettre à mort.
Après avoir pacifié la Sicile, Pompée, l'an 80, passa
en Afrique, et en quarante jours il en chassa les derniers restes du parti de Marius et soumit la province.

368. *A quelle occasion Pompée reçut-il de Sylla
le nom de Grand ?* Redoutant déjà l'autorité que
les succès de Pompée lui donnaient sur l'armée,
Sylla se hâta de le rappeler à Rome. Pompée obéit
malgré ses soldats. Sylla vint à sa rencontre, l'embrassa avec les marques d'une sincère affection et
le salua du nom de *Grand* qui lui resta depuis

369. *Quelle hardiesse montra Pompée de retour
à Rome ?* Après la victoire qu'il avait remportée en
Afrique, Pompée crut pouvoir demander les honneurs du triomphe; Sylla les lui refusait sous prétexte qu'il était trop jeune et qu'il n'était encore
que chevalier. Pompée ne plia point; « le soleil

levant, dit-il, a plus d'adorateurs que le couchant.» Frappé de la hardiesse de ce jeune général, Sylla lui permit de triompher.

370. *A quelle occasion eut lieu la seconde guerre contre Mithridate et comment se termina-t-elle?* Muréna, que Sylla avait laissé en Asie, désirant passionnément obtenir les honneurs du triomphe, et excité d'ailleurs par Archélaüs, avait recommencé la guerre contre le roi de Pont; cette seconde guerre traîna en longueur, et, sur l'ordre de Sylla, se termina par un accommodement en 79.

371. *Quelle résolution extraordinaire prit Sylla après avoir exercé pendant deux ans la dictature?* Sylla abdiqua volontairement le pouvoir en 79 et il rentra dans la vie privée, sans qu'on osât lui demander compte de tout le sang qu'il avait versé; il se retira à Cumes, où il mourut deux ans après d'une horrible maladie. On plaça sur sa tombe cette inscription composée par lui-même: « Ici repose Sylla; nul n'a fait plus de bien à ses amis, et de mal à ses ennemis. »

372. *Quelle nouvelle guerre civile suivit la mort de Sylla?* Le consul Lépidus voulut, en 78, relever le parti de Marius et abolir les lois de Sylla. Défait devant Rome et dans l'Etrurie par son collègue Catulus et par Pompée, il alla mourir en Sardaigne.

§ VII. — Sertorius. Spartacus. Crassus et Pompée consuls. Verrès. Conquête de la Crète.

Sertorius périt sous un fer assassin.
Spartacus succomba les armes à la main.
Contre un préteur cruel, fameux par ses rapines,
L'éloquent Cicéron prononce ses Verrines,
Et des Siciliens il a vengé les droits.
Métellus aux Romains a soumis les Crétois.

373. *Où et par qui était uniquement soutenu le parti de Marius ?* Le parti de Marius partout terrassé, ne montrait de force qu'en Espagne où il était relevé par Sertorius, républicain exalté et grand capitaine qui inspirait une confiance sans borne aux Espagnols et aux Lusitaniens. Habile à gouverner les esprits, Sertorius profitait de la superstition des peuples pour augmenter leur confiance ; il prétendait recevoir les conseils des dieux par le moyen d'une biche blanche qui le suivait partout même dans les combats.

374. *Quels furent les succès de Sertorius ?* Aussi entreprenant, mais plus habile que Viriathe, il battit successivement tous les généraux qui osèrent l'attaquer ; il établit sous ses tentes un sénat fier et indépendant, qu'il opposait au sénat servile de Sylla. Métellus vit échouer contre lui sa vieille expérience. Perpenna vint le joindre avec les débris de l'armée de Lépidus, et Mithridate conclut en 75 un traité avec lui.

375. *Comment furent arrêtés les succès de Sertorius ?* Au moment où il venait de terminer deux brillantes campagnes contre Métellus et Pompée réunis, il fut assassiné en 72, dans un repas, par Perpenna qui, jaloux de sa gloire, se fit reconnaître chef des troupes à sa place.

376. *Que devint Perpenna ?* Héritier du pouvoir mais non du génie de Sertorius, Perpenna fut battu et fait prisonnier par Pompée; il crut racheter sa vie en livrant à son vainqueur la correspondance de Sertorius; mais Pompée la fit brûler sans la lire, et ordonna qu'on fît périr par le supplice ce lâche assassin; Pompée termina ainsi la guerre d'Espagne.

377. *Quelle guerre maritime Rome avait-elle à soutenir en Orient pendant que ses armées étaient en Espagne?* Les Ciliciens, peuple de l'Asie, s'étaient rendus redoutables par leurs rapines et leurs expéditions maritimes; ils étaient surtout devenus puissans pendant la guerre contre Mithridate. Le proconsul Servilius, envoyé contre eux avec une flotte en 78, obtint des succès, rasa plusieurs forts, et s'empara de la ville d'Isaure; cependant il ne put les détruire. En 75 ils occasionnèrent à Rome une grande disette que Cicéron, alors questeur à Lilybée, fit cesser en envoyant un convoi considérable de blé. Enfin le préteur Marc-Antoine fit encore, en 74, une expédition malheureuse contre l'île de Crète où ils s'étaient réfugiés; ce fut Pompée qui termina cette guerre en 40 jours l'an 67.

378. *Quel autre danger vint menacer Rome au sein même de l'Italie?* Une nouvelle révolte des esclaves éclata en Campanie l'an 73; le sénat n'y fit pas d'abord une grande attention, mais les talens et les succès de Spartacus, chef des révoltés, ne tardèrent pas à lui faire comprendre que Rome avait à combattre un dangereux ennemi.

379. *Qui était Spartacus ?* Spartacus était un Thrace qui servait dans un corps d'auxiliaires de

sa nation ; il déserta, fut pris et réservé pour le métier de gladiateur.

380. *Quels furent les succès et la fin de Spartacus ?* Ce Thrace, égal en talens aux plus grands capitaines romains, s'étant échappé des prisons de Capoue où il était renfermé, commença, avec 70 gladiateurs ses compagnons, une révolte qui pendant trois ans tint en péril Rome et l'Italie. Il attira à lui un grand nombre d'esclaves fugitifs, et, à leur tête, il battit plusieurs fois les armées romaines. Il fut enfin défait par Crassus, et tué en 71 dans une bataille où il vendit chèrement sa vie. Les débris de son armée furent détruits par Pompée qui revenait alors d'Espagne.

381. *Que firent Crassus et Pompée de retour à Rome ?* Crassus et Pompée, ayant à leur retour à Rome brigué et obtenu le consulat, cherchèrent à capter la faveur populaire au détriment l'un de l'autre. Crassus, dont les richesses étaient immenses, fit au peuple, pour atteindre son but, de prodigieuses prodigalités, et Pompée rendit aux tribuns l'autorité dont ils avaient été privés par Sylla.

382. *Quel changement important Pompée permit-il encore pendant son consulat ?* Pour remédier au honteux trafic que les sénateurs faisaient de la justice, Pompée laissa passer la loi du préteur Cotta qui ordonnait que les places de juges fussent réparties entre les sénateurs, les chevaliers et les tribuns du trésor public. Cette loi fut observée jusqu'à la dictature de César.

383. *Quel procès célèbre fut jugé à Rome à cette époque ?* Cicéron accusa en 71 Verrès, préteur de Sicile, et le fit exiler à cause des concussions et des vexations qu'il faisait endurer aux habitans de cette île. Cette affaire, aussi célèbre par les cri-

7.

mes qu'on reprochait à Verrès que par l'éloquence des deux orateurs qui la plaidaient, Hortensius pour le préteur, Cicéron pour les Siciliens, fit infiniment d'honneur à ce dernier. Les discours qu'il prononça dans cette circonstance sont connus sous le nom de *Verrines*, et sont regardés comme des chefs-d'œuvre d'éloquence.

384. *Quelle île soumirent les Romains peu de temps après?* Le sénat mécontent de ce que les Crétois avaient donné secours aux pirates de Cilicie, envoya Métellus pour les punir. Ce général, malgré les intrigues de Pompée qui avait voulu le faire remplacer par Octavius, son lieutenant, soumit entièrement l'île de Crète et la réduisit en province romaine l'an 68.

—————

§ VIII. — Troisième guerre contre Mithridate.

Mithridate combat Lucullus et Pompée,
Et, trahi par son fils, se perce d'une épée.

385. *Quelles furent les causes qui amenèrent une troisième guerre des Romains contre Mithridate ?* Malgré les traités conclus avec Sylla et Muréna, Mithridate suscitait en secret des ennemis aux Romains ; il s'était allié avec Sertorius et les pirates de Cicilie ; par ses conseils, Tigrane, son gendre, s'était emparé de la Cappadoce sur Ariobarzarne que le sénat protégeait, enfin, il voulait s'emparer de la Bithynie, que Nicomède, en mourant, avait léguée à la république.

386. *Quelles mesures avait prises Mithridate pour résister aux Romains ?* Le roi de Pont avait rassemblé une armée formidable dans laquelle il

avait introduit les armes et la discipline des Romains; une flotte nombreuse le soutenait, et il avait eu soin d'en donner le commandement à des chefs expérimentés.

387. *Qui les Romains envoyèrent-ils en Asie contre Mithridate?* Le sénat envoya contre le roi de Pont les consuls Cotta et Lucullus. Le premier fut vaincu près de Chalcédoine par Mithridate, qui mit ensuite le siége devant Cyzique; pendant deux ans cette ville résista aux efforts d'une armée nombreuse et aguerrie, que Lucullus vainquit par la famine et qu'il accabla ensuite sur les bords du Granique, l'an 73.

388. *Quels furent les autres avantages qu'obtint Lucullus dans cette guerre?* Lucullus conquit toute la Bithynie, détruisit deux flottes que Mithridate envoyait en Italie, et força ce prince, battu dans trois actions, à se réfugier chez Tigrane. Lucullus acheva alors la conquête du royaume de Pont, entra en Arménie et réclama Mithridate comme son prisonnier.

389. *Que fit alors le roi d'Arménie?* Tigrane abandonna précipitamment Tigranocerte, sa capitale, et rassembla une armée de quarante mille combattans. Lucullus n'hésita pas à l'attaquer, n'ayant que vingt mille soldats. Les chefs de ses légions, effrayés du grand nombre d'ennemis qu'ils avaient à combattre, lui rappelaient que le jour qu'il avait choisi était un jour néfaste, parce qu'il rappelait la défaite de Cépion par les Cimbres. « Il a pu l'être, répondit Lucullus, mais j'en ferai un jour heureux. » Tigrane vaincu prit la fuite, et sa capitale tomba au pouvoir des Romains, en 70.

390. *Quelle fut la conduite de Lucullus envers*

les peuples vaincus ? Il les traita avec humanité et justice, rappela la conduite que le jeune Scipion avait tenue en Espagne, et mit ainsi dans les intérêts de sa patrie un grand nombre de princes qui vinrent d'eux-mêmes le choisir pour défendre leurs droits.

391. *Par quel moyen le roi d'Arménie cherchat-il à réparer sa défaite ?* Tigrane réunit de nouveau ses troupes à celles de Mithridate. Ces deux princes cherchèrent, mais inutilement, à mettre le roi des Parthes dans leur parti. Ayant réuni toutes leurs forces, ils espéraient vaincre les Romains; Lucullus marcha à leur rencontre. Les deux armées se trouvèrent en présence sur les bords du fleuve Arsanias, près d'Artaxate. La victoire ne fut pas longtemps indécise; les Romains mirent les ennemis en déroute, l'an 69. Mithridate fut l'un des premiers à prendre la fuite : ce fut le dernier succès de Lucullus.

392. *Pourquoi les succès de Lucullus furent-ils tout à coup interrompus?* Ce grand homme, exact observateur de la discipline militaire, s'était malheureusement aliéné l'esprit de ses soldats par sa sévérité, et l'inflexibilité de son caractère. Ses troupes se mutinèrent et refusèrent opiniâtrément de suivre leur général. Lucullus fut obligé de repasser le Taurus ; il vint mettre le siége devant Nisibis, s'en empara et y prit ses quartiers d'hiver. Mithridate et Tigrane rentrèrent dans leurs États. Une grande partie de l'armée romaine força son chef à lui donner congé, et Lucullus fut dès lors hors d'état de rien entreprendre.

393. *Que se passait-il à Rome relativement à Lucullus ?* Le peuple accusait Lucullus de prolonger la guerre pour augmenter ses richesses, et le

tribun Manilius proposa une loi qui donnait le gouvernement de l'Asie à Pompée, déjà nommé l'année précédente au proconsulat des mers pour détruire les pirates de Cilicie. Lucullus, de retour à Rome et dégoûté de la gloire par l'inconstance de ses concitoyens, consacra le reste de sa vie à l'étude et aux plaisirs. Il se rendit célèbre par la voluptueuse profusion de ses festins et par sa magnificence. Selon quelques-uns l'excès des plaisirs troubla sa raison, selon d'autres il fut empoisonné par un affranchi.

394. *Quels furent les exploits de Pompée en Asie?* Après avoir vaincu les pirates de Cilicie, Pompée rassembla toutes les légions de Lucullus et marcha contre Mithridate ; il le battit dans une grande bataille de nuit sur les bords de l'Euphrate en 66. Mithridate prit de nouveau la fuite et disparut dans les déserts de la Scythie. Pompée franchit ensuite le Caucase, dompta les Albaniens et les Ibériens, entra dans la Syrie, fixa les bornes des états d'Antiochus, vainquit Aristobule qui disputait la Judée à Hyrcan, et pacifia cette province.

395. *Quelle fut la fin de Mithridate?* Abandonné de Tigrane qui lui refusa l'entrée de ses états, Mithridate se réfugia dans la Chersonèse Taurique, d'où il méditait de porter la guerre en Italie, lorsque la révolte de son fils Pharnace le réduisit au désespoir, et le décida à se donner la mort, l'an 63.

396. *Comment Pompée disposa-t-il des contrées de l'Asie lorsque Mithridate fut abattu?* Pompée accorda l'Arménie à Tigrane, la Cappadoce à Ariobarzane, le Bosphore à Pharnace, la Judée à Hyrcan, et réduisit en provinces romaines les autres contrées de l'Asie jusqu'à l'Euphrate.

———

§ IX. — Conjuration de Catilina.

En l'an soixante-trois le consul Cicéron
Poursuit Catilina, confond sa faction,
Et par Rome est nommé père de la patrie.

397. *Que se passait-il à Rome pendant que Pompée soumettait l'Asie ?* Catilina, indigné d'avoir essuyé un refus dans la demande du consulat, forma de concert avec plusieurs Romains de distinction le projet d'égorger les consuls et les sénateurs, d'incendier la ville et de piller le trésor public. Le célèbre orateur Cicéron qu'on nomma alors consul, découvrit la conspiration par sa vigilance, la fit échouer par son habileté, et l'an 63 reçut pour récompense le glorieux surnom de *Père de la Patrie.*

398. *Quelle fut la fin de Catilina ?* Catilina se retira en Étrurie, se mit à la tête des révoltés, et malgré des prodiges de valeur, dignes d'une meilleure cause, il fut vaincu et périt en 62, dans un dernier combat qui lui fut livré à Pistoria par Pétréius lieutenant d'Antonius, collègue de Cicéron.

---

§ X. — César. Premier triumvirat. Conquête des Gaules. Rivalité de César et de Pompée.

Rempli d'ambition, puissant par son génie,
César veut à tout prix tenir le premier rang.
En dix ans de la Gaule il est le conquérant ;
Crassus mort, à Pompée il déclare la guerre
Et vainqueur à Pharsale est maître de la terre.

399. *Que fit Pompée à son retour d'Asie ?* Après

avoir réglé le sort des provinces de l'Orient, Pompée revint à Rome. Comme le pouvoir qu'il exerçait sur les troupes donnait de l'ombrage au sénat, il licencia son armée en arrivant en Italie; les honneurs du triomphe lui furent accordés. Il demanda ensuite la ratification de tous les actes de son généralat, et des terres pour ses soldats; mais le sénat repoussa ses prétentions, Pompée, irrité contre les patriciens, se rapprocha de la faction populaire. Il se ligua avec Crassus et avec Jules César, dont il épousa la fille Julie.

400. *Quels furent les commencemens de César?* Neveu de la femme de Marius, Jules César avait été proscrit par Sylla dans sa jeunesse. Il fit connaître de bonne heure le penchant qu'il avait à dominer; fait prisonnier par les pirates de Cilicie, lorsqu'il était en Asie, il sut leur parler en maître, s'en faire respecter et les châtier après avoir recouvré sa liberté. Il s'adonna à l'éloquence, et conçut le projet de parvenir aux plus hautes dignités de la république en relevant la faction populaire.

401. *Quels sont les autres faits importans de la jeunesse de César?* César brigua et obtint, en 63, la charge de grand pontife. S'étant lié avec les ennemis du sénat, il fut soupçonné d'avoir pris part à la conjuration de Catilina, et dut la vie à Cicéron dans cette circonstance. Nommé préteur, puis édile, il éblouit le peuple par la somptuosité des fêtes qu'il lui offrait. A la fin de sa préture, il se servit du crédit de Pompée son gendre, pour se faire donner le département de l'Espagne; il pacifia cette province et en régla le gouvernement civil. Comme en allant prendre possession de son gouvernement, il traversait un pauvre village des Alpes, un de ses amis demanda en riant, si là

comme à Rome on briguait les charges : « J'aimerais mieux, dit César, être ici le premier que le second dans Rome. »

402. *Que fit César à son retour d'Espagne ?* En l'an 60, César forma avec Pompée et Crassus une alliance secrète dont le but était l'asservissement du sénat ; c'est ce que l'on nomme le premier triumvirat. Il se fit nommer ensuite consul, et flatta le peuple en faisant passer les lois les plus populaires malgré son collègue Bibulus. Employant tour à tour la douceur et l'autorité, l'adresse et l'audace, il se rendit maître des esprits, fit confirmer tous les actes du généralat de Pompée, puis il demanda et obtint en l'an 59 le gouvernement pour cinq ans de l'Illyrie et de la Gaule Cisalpine, partie septentrionale de l'Italie qui avait pour limites au sud l'Arno et le Rubicon.

403. *Que firent les triumvirs pour assurer le succès de leur cause ?* Ils firent écarter, par l'entremise du tribun Clodius, les chefs du sénat, Cicéron et Caton. Le premier fut envoyé en exil. Le second, arrière-petit-fils de Caton le censeur, inflexible et d'une austère vertu, fut chargé de déposer Ptolémée, roi de Cypre, et de réduire l'île en province romaine ; il recueillit les trésors de Ptolémée et les rapporta à Rome avec une scrupuleuse fidélité.

404. *Comment finit l'exil de Cicéron ?* Après le départ de César pour les Gaules, Clodius chercha à s'élever au-dessus des triumvirs qui l'avaient protégé, et Pompée sentit alors qu'il aurait besoin de Cicéron pour l'opposer à l'audacieux tribun ; le peuple et le sénat se repentaient d'ailleurs d'avoir abandonné celui qui les avait sauvés des fureurs de Catilina. Milon, collègue et adversaire de Clodius, soutint la cause de l'illustre banni qui fut rappelé à Rome en l'an 57 ; sa rentrée fut un véritable triomphe.

405. *Quel était l'état de la Gaule soixante ans avant J.-C.?* Lorsque César obtint le gouvernement de la Gaule Cisalpine, la Gaule proprement dite que les Romains appelaient Transalpine (notre France actuelle, mais étendue jusqu'au Rhin), était occupée par trois grandes familles : au sud les Aquitains, appartenant à la race ibérienne ; au centre, de la Garonne à la Seine, les Celtes ou Gaulois proprement dits ; au nord, de la Seine au Rhin, les Belges. Les divers peuples qui habitaient la Gaule formaient des confédérations rivales et perpétuellement en guerre les unes avec les autres. Le pays qui s'étendait de Genève à Toulouse reconnaissait l'autorité du sénat et formait ce qu'on appelait la « Province romaine (1). »

406. *Parmi ces peuples divers quels étaient les plus remarquables ?* Les principaux de ces peuples étaient, parmi les Celtes : les Eduens, sur le Rhône supérieur, amis et alliés des Romains ; les Séquanes, dans le Jura ; les Arvernes dans les Cévennes ; les Carnutes, entre la Seine et la Loire, dont le pays était le centre de la religion druidique ; à l'ouest, la confédération des cités armoricaines, où les Vénètes, puissans par leur marine tenaient le premier rang ; et parmi les Belges, les Rèmes entre la Marne et l'Oise, et les Morins au nord-ouest.

407. *A quelle occasion les Gaulois réclamèrent-ils l'intervention romaine dans leurs affaires ?* Les Séquanes opprimés par les Eduens avaient

____

(1) Voir le n. 332.

demandé contre eux du secours aux Suèves, les plus belliqueux des Germains. Ces derniers, sous la conduite d'Arioviste, passèrent le Rhin et battirent les Eduens, mais une fois entrés dans la Gaule ils n'en voulurent plus sortir. D'un autre côté les Helvétiens (Suisses), se trouvant trop resserrés entre le Rhin et leurs montagnes, voulaient s'établir dans la Gaule, sur les côtes de l'Océan. César leur ayant fermé le passage par la province romaine, ils traversèrent le pays des Eduens en le ravageant. Trop faibles pour se défendre contre ces invasions, les Eduens et les Séquanes réclamèrent l'assistance des Romains.

408. *Comment César fit-il tourner ces circonstances au profit de son ambition ?* César méditait la conquête de toute la Gaule, où il devait trouver du butin, de la gloire, et se faire une armée à lui. Il franchit les Alpes comme pour aller défendre les Gaulois contre les Germains, fidèle en cela à cette politique des Romains qui se présentaient comme les libérateurs des peuples qu'ils voulaient soumettre. Il sut aussi au sein même de la Gaule, se ménager pour alliés les Eduens, les Allobroges, les Rèmes, et il se servit des Gaulois pour vaincre les Gaulois eux-mêmes. Toutefois, il lui fallut pour les dompter neuf ans d'une guerre très active.

409. *Quels furent les premiers succès de César dans les Gaules ?* En l'an 58, César battit près d'Autun et repoussa de la Gaule les Helvétiens; s'étant ensuite emparé de Vesontio (Besançon), il attaqua Arioviste, chef des Suèves, et le força de repasser en Germanie. Ayant ainsi terminé deux guerres dans une campagne, il mit ses troupes en quartier d'hiver et revint dans la Gaule Cisalpine d'où il pouvait contenir ses ennemis dans Rome.

410. *Quelle nouvelle guerre vint troubler le repos de César ?* Les Belges résolurent de venger les Germains et de s'opposer aux progrès des Romains dans les Gaules. César marcha rapidement sur les bords de l'Aisne, en 57, repoussa les Belges, prit Reims, Soissons, Beauvais, Amiens ; il s'avança ensuite contre les Aduatiques ou peuples de Namur, et s'empara de leur capitale, tandis que ses lieutenans lui soumettaient l'Armorique et d'autres parties des Gaules.

411. *Quelle démarche fit César après sa campagne contre les Belges ?* César jugea nécessaire de conférer avec Crassus et Pompée sur leurs intérêts communs, et vint en 56 trouver Crassus à Ravenne et Pompée à Lucques pour renouveler leur triumvirat. Ils partagèrent l'empire comme leur patrimoine : César obtint pour cinq ans la prolongation du gouvernement des deux Gaules et de l'Illyrie ; Pompée et Crassus se réservèrent le consulat pour l'année suivante ; le premier eut le gouvernement des provinces d'Afrique et d'Espagne, et le second celui de la Syrie, parce qu'il se proposait de faire la guerre aux Parthes. Telle était leur puissance que le sénat adopta ce qu'ils avaient arrêté entre eux. Pompée aima mieux rester en Italie et se contenta d'envoyer des lieutenans dans son gouvernement.

412. *Que se passa-t-il alors dans les Gaules ?* En l'an 56 plusieurs soulèvemens eurent lieu dans les Gaules en l'absence de César, mais ils furent tous réprimés par ses lieutenans ; l'Aquitaine fut même conquise par le jeune Crassus. En l'an 55, César apprenant que les Germains avaient traversé le Rhin, rassembla ses légions, marcha contre les barbares, les tailla en pièces et les rejeta de l'autre

côté du fleuve, retardant par là de quatre siècles l'invasion de la Gaule par les Germains. Puis en dix jours, il fit construire un pont immense, passa en Germanie et montra partout ses aigles victorieuses ; traversant ensuite les Gaules, il fit deux descentes dans la Grande-Bretagne et en dompta les habitans inconnus jusque-là aux Romains.

413. *Quel nouveau danger vint illustrer les armes de César ?* En revenant de la Bretagne dans les Gaules en 54, César trouva ce pays désolé par la famine ; il fut obligé de disperser ses légions pour les faire vivre. Ambiorix, chef des Eburons (pays de Troyes), profita de cette circonstance pour attaquer les Romains ; il détruisit une légion, et attaqua séparément Q. Cicéron, frère de l'orateur. César, averti du péril de ses soldats, accourut à la tête de 7000 hommes et battit 60,000 Gaulois; par cette victoire il retint sous sa domination la Gaule prête à se soulever.

414. *Comment fut terminée la conquête des Gaulois ?* César eut encore à réprimer plusieurs soulèvemens de l'an 53 à l'an 50 ; le plus considérable fut excité par Vercingétorix, roi des Arvernes (Auvergnats). César vainquit ce prince, prit Alésia du pays des Lingones (territoire de Langres), malgré les efforts d'une armée de 240,000 Gaulois; il soumit les provinces du centre, du midi et l'Aquitaine en l'an 51 ; enfin la prise d'Arras par son questeur Marc-Antoine acheva la réduction de la Gaule.

415. *Que faisaient Pompée et Crassus à Rome tandis que César soumettait les Gaules ?* Nommés consuls par la violence, Pompée et Crassus s'opposèrent à la préture de Caton. Pour s'attacher le peuple, Pompée fit construire le premier théâtre permanent qu'on eût vu à Rome. Crassus, malgré

les murmures du peuple et l'imprécation du tribun Atéius, se préparait à remplacer Gabinius en Asie et à porter la guerre chez les Parthes.

416. *Quels événemens s'étaient passés en Asie pendant le gouvernement de Gabinius ?* Après le départ de Pompée, la tranquillité de la Judée avait été de nouveau troublée par Alexandre, fils d'Aristobule, et par Aristobule lui-même, qui s'étant échappé de Rome, voulait reprendre sa couronne. Gabinius les vainquit et les renvoya prisonniers à Rome; puis il marcha contre les Arabes et entra ensuite en Egypte où il rendit à Ptolémée sa couronne que lui avait enlevée Archélaüs, époux de sa fille Bérénice. C'est dans cette expédition que Marc Antoine commença à se faire connaître. Gabinius se proposait de porter la guerre chez les Parthes lorsque Crassus arriva en Asie.

417. *Quels sont les principaux faits de l'expédition de Crassus en Asie?* Crassus eut d'abord quelque succès contre les Parthes; mais au lieu de les poursuivre, il revint hiverner dans la Syrie qu'il accabla d'impôts, et poussé par son insatiable cupidité il pilla le temple de Jérusalem; il reprit ensuite la guerre contre les Parthes. Cette seconde expédition fut malheureuse; vaincu à Charres près de l'Euphrate en 53 dans une bataille où son fils perdit la vie, il se réfugia dans la ville même et périt dans une entrevue avec Surena, général des Parthes. Cassius, son questeur, sauva les faibles débris de son armée.

418. *Que se passa-t-il en Asie, après la mort de Crassus?* Les Parthes reprirent ce qui leur avait été enlevé de la Mésopotamie, mais la fermeté de Cassius préserva le territoire romain de leur invasion. Bibulus fut envoyé comme proconsul en

Syrie, et Cicéron exerça la même charge en Cilicie. Quoique peu habile à la guerre, Cicéron sut se faire craindre des ennemis, obtint plusieurs succès militaires, et reçut de ses soldats le titre d'*imperator*; mais ce qui lui valut surtout une grande gloire, ce fut l'équité, la douceur, le désintéressement qu'il montra dans son administration.

419. *Comment Pompée cherchait-il à augmenter son pouvoir à Rome?* Profitant de l'anarchie que produisaient à Rome les intrigues de ceux qui aspiraient au consulat, Pompée se fit nommer seul à cette charge en 53. Ayant perdu sa femme Julie, fille de César, seul lien qui l'unissait au conquérant des Gaules, il voulut contrebalancer son pouvoir en embrassant le parti du sénat contre le peuple. Dès ce moment, il devint le chef de l'aristocratie.

420. *Quel effet produisit à Rome cette nomination d'un seul consul?* Cette innovation remplit la ville de troubles. Clodius voulut soulever le peuple, et aspirait même à faire périr Cicéron, qui avait soutenu Pompée; mais il fut tué par un esclave de Milon, dans une querelle qui s'était élevée entre les gens de leur suite. Le peuple cita Milon en jugement, et le condamna, malgré l'éloquence de Cicéron qui le défendit.

421. *En quoi la cause de Pompée différait-elle de celle de César?* César et Pompée s'étaient tous deux élevés à un trop haut degré de puissance pour ne pas vouloir être, chacun à l'exclusion de l'autre, l'arbitre de la république; mais Pompée, qui ne supportait pas de supérieur, laissait quelque espérance aux amis de la liberté; tandis que César, qui n'admettait pas d'égal, menaçait de tout asservir.

Le premier voulait devoir la puissance aux suffrages de ses concitoyens, le second la regardait comme une conquête promise à ses armes.

422. *Quel parti décisif prit César?* Le moment était venu où le commandement de César allait cesser; il demanda le consulat, quoique absent de Rome, et ne put l'obtenir malgré ses intrigues. Le sénat prenant parti pour Pompée, ordonna à César de licencier son armée sous peine d'être déclaré ennemi de la république. La guerre fut alors inévitable entre les deux rivaux. Après de vaines négociations, César, en 49, passa le Rubicon, petite rivière qui séparait la Gaule Cisalpine, son gouvernement, du reste de l'Italie; en franchissant ainsi les bornes de sa province les armes à la main, malgré les ordres du sénat, il se déclarait ouvertement en rébellion contre la république.

423. *Quels furent les succès de César depuis le passage du Rubicon jusqu'au moment où il fut nommé dictateur?* César soumit l'Italie en deux mois pendant que Pompée, avec ses troupes et ses partisans, se dirigeait vers l'Epire. Maître de l'Italie, de la Sicile et de la Sardaigne, César passa en Espagne où il défit Afranius et Pétréius, lieutenans de Pompée. Il retourna ensuite en Italie, y fut nommé dictateur, dignité qu'il échangea contre le consulat.

424. *Comment se termina la lutte entre César et Pompée?* César se hâta d'aller en Grèce pour combattre Pompée, que le sénat, réuni dans son camp à Thessalonique, avait nommé seul chef de la république. César n'avait avec lui que cinq légions, et comme le reste de ses troupes n'arrivait point assez promptement parce que la flotte de Pompée bloquait les côtes, il résolut un jour d'aller chercher lui-même l'armée que lui amenait

Marc Antoine. Déguisé en esclave, il se jeta dans un frêle esquif. Une tempête s'étant élevée, le patron effrayé voulait rentrer en rade : « Que peux-tu craindre, s'écria l'illustre passager, tu portes César et sa fortune. » Antoine ayant heureusement débarqué avec ses légions, César et Pompée se trouvèrent en présence à Dyrrachium. César y reçut un échec. Il conduisit ses troupes en Thessalie, et, près de Pharsale, il vainquit Pompée dans une bataille décisive, livrée le 20 juin l'an 48 avant J.-C.

425. *Quelle fut la fin de Pompée?* Après sa défaite, Pompée, poursuivi par son rival, s'enfuit à Alexandrie; mais, au moment où il débarquait, il fut assassiné par l'ordre de Photin, ministre du jeune roi d'Égypte Ptolémée Denys. César, en arrivant à Alexandrie, ne put retenir ses larmes, lorsqu'il apprit la fin tragique de son rival.

426. *Que devinrent les partisans de Pompée après la mort de leur chef?* Les principaux chefs du parti sénatorial délibérèrent à Corcyre sur les mesures qu'ils avaient à prendre : Cicéron se retira à Brindes; Caton accepta le commandement de la flotte, se dirigea vers la Libye et fut reçu dans Cyrène; Métellus Scipion résolut de se rendre en Afrique et d'implorer le secours de Juba, roi de Mauritanie; Cassius, avec dix vaisseaux, voulut soulever Pharnace, roi du Bosphore, contre César; mais ce dernier dispersa sa flotte et s'en empara ; Marcellus qui, étant consul, avait déclaré César ennemi de la patrie, s'exila volontairement à Mitylène; enfin les deux fils de Pompée, Cnéius et Sextus, se rendirent en Espagne, où ils rassemblèrent bientôt une puissante armée.

427. *Quel était l'état de l'Égypte, et quels évé-*

nemens se passèrent dans cette contrée lorsque César y arriva? Cléopâtre disputait le trône à son frère Ptolémée. César se porta d'abord pour arbitre entre le frère et la sœur; mais il se laissa séduire par les artifices de Cléopâtre, et soutint pour elle une lutte dangereuse contre les partisans de Ptolémée. Assiégé dans Alexandrie, il incendia la flotte égyptienne. Le feu se communiqua à la riche bibliothèque fondée par les premiers Ptolémées, et en consuma la plus grande partie. Repoussé de l'île de Pharos, César n'eut que le temps de se sauver à la nage, tenant ses *Commentaires* dans une main. Il sortit cependant vainqueur de cette guerre qui dura six mois, et dans laquelle périt Ptolémée Denys. César donna la couronne à Cléopâtre qui s'était emparée de son esprit, et qui le retint quelque temps en Égypte.

428. *Où César porta-t-il ses armes après avoir pacifié l'Égypte?* César marcha contre Pharnace, fils de Mithridate, qui s'était emparé de plusieurs provinces. César, traversant la Syrie et la Cilicie avec le vol d'un aigle, vainquit Pharnace avec tant de célérité, qu'il put rendre compte de sa victoire en écrivant au sénat ces trois mots : « *Veni, vidi, vici,* je suis venu, j'ai vu, j'ai vaincu. » Il défit encore Déjotarus, roi des Galates, et après avoir pacifié l'Asie il revint en 47 à Rome, où il avait été nommé dictateur en son absence.

Juba meurt en Afrique ainsi que Scipion.
Avec la liberté voulut périr Caton.

429. *Comment la cause de Pompée, qui semblait être celle de la liberté, fut-elle perdue en Afrique?* César, après avoir rétabli dans Rome la

tranquillité qu'avait troublée l'indigne conduite d'Antoine, son général de la cavalerie, passa en Afrique, où il vainquit près de Thapsus, en 46, Metellus Scipion et Juba. Le premier n'échappa à la captivité qu'en se perçant de son épée. Le second, abandonné de ses sujets, se retira dans une maison de campagne avec Pétréius, et s'y fit servir un repas splendide, à la suite duquel les deux convives se donnèrent la mort. Caton, persuadé qu'il ne devait pas survivre à la liberté, mit fin à ses jours dans Utique, qu'il s'était chargé de défendre.

430. *Quelles circonstances accompagnèrent la mort de Caton?* Avant de se percer de son épée, il lut le traité de Platon sur l'immortalité de l'âme. Il ne réussit pas à se tuer sur-le-champ; on pansa sa blessure, il la rouvrit et expira. César en apprenant sa mort s'écria : « Caton, pourquoi m'as-tu enlevé la gloire de te sauver la vie? »

----

§ XI. — Dictature de Jules César.

César partout triomphe; il réforme l'année,
Et défait à Munda les deux fils de Pompée.
L'ingrat Brutus l'immole au milieu du sénat.

431. *Quels honneurs furent décernés à César après la soumission de l'Afrique?* Le sénat, par un décret plein de flatterie et de bassesse, ordonna que la statue de César fût placée dans le Capitole en face de Jupiter, avec cette inscription : « A César, demi-dieu. » Le peuple lui accorda la censure pour trois ans et la dictature pour dix, avec le droit de se faire précéder de 72 licteurs.

432. *Quel usage César fit-il du pouvoir absolu?* César rétablit l'ordre dans l'Italie et surtout dans

Rome, publia des lois dictées par l'amour du bien public, usa de clémence envers ses ennemis, et permit à Marcellus et à Ligarius de revenir à Rome. Ce dernier avait été exilé après la bataille de Thapsus pour avoir porté les armes contre César.

433. *Quelle réforme fit-il au calendrier?* Il corrigea une erreur de 67 jours qui s'y était introduite par une suite d'intercallations vicieuses, et établit l'année solaire de 365 jours, avec un jour de plus tous les quatre ans. Cette réforme est connue sous le nom de Calendrier Julien.

434. *Pourquoi César passa-t-il en Espagne quatre mois après être revenu d'Afrique, et quel fut le succès de cette dernière expédition?* César alla combattre en Espagne les deux fils de Pompée qui y avaient allumé une guerre des plus dangereuses. Il les vainquit tous les deux dans la sanglante et décisive bataille de Munda, l'an 45. Cnéius Pompée fut tué dans le combat, Sextus se réfugia chez les Celtibériens. C'est dans cette guerre que César commença à produire son petit-neveu Octave. L'Espagne fut soumise. Ce fut le dernier exploit de César qui, dans l'espace de cinq ans, termina victorieusement et en personne six guerres, en volant avec ses légions d'une partie du monde à l'autre.

435. *Quels nouveaux honneurs le sénat accorda-t-il à César après la bataille de Munda?* Le sénat lui décerna le nom de Jupiter Julius, et lui accorda le privilége de ceindre son front d'une couronne de laurier. Le mois *quintilis*, dans lequel il était né, reçut le nom de *julius* (juillet) en son honneur. César fut aussi nommé dictateur perpétuel et *imperator* (empereur).

436. *Quel projet formait César parvenu au*

faîte du pouvoir ? César méditait de porter la guerre contre les Parthes et de se faire déclarer roi; Antoine, alors consul, lui offrit même le diadème en public, pendant qu'on célébrait la fête des Lupercales. Les murmures du peuple contraignirent César à le refuser.

437. *Quel sort funeste éprouva César au moment où il méditait de ceindre le diadème?* Brutus et Cassius, à la tête des républicains, tramèrent contre lui une conspiration, et, au jour fixé, le poignardèrent en plein sénat, l'an 44. César avait comblé Brutus de ses bienfaits et le traitait comme son fils. En le voyant au nombre de ses assassins, il s'écria : « Et toi, aussi, mon fils Brutus. »

438. *Que fit le sénat après la mort de César ?* Sous prétexte de conserver la paix publique, le sénat ratifia tous les actes du dictateur, et rendit un décret d'absolution pour les conjurés; il confirma la distribution des provinces que César avait faite peu de temps avant sa mort, distribution à laquelle avaient eu part les conjurés. Cassius eut la Syrie et Brutus la Macédoine et l'Illyrie; tous les deux quittèrent l'Italie.

439. *Que fit le consul Marc Antoine dans cette circonstance ?* Voulant émouvoir le peuple pour l'employer à ses desseins ambitieux, il célébra dans le Forum les funérailles du dictateur et fit donner lecture de son testament; puis sans avoir égard à l'amnistie publiée par le sénat, il prononça, pour exciter la multitude contre les meurtriers un discours, au milieu duquel il montra la robe ensanglantée du dictateur.

440. *Quels partis se formèrent dans l'état après la mort de César?* Il se forma alors deux partis dans la république : l'un soutenait les conjurés,

l'autre voulait venger la mort du dictateur. Le consul Marc Antoine, qui aspirait à remplacer César, se mit d'abord à la tête de ce dernier parti après avoir fait rappeler Sextus Pompée, qui obtint, comme son père, le commandement des flottes de la république.

441. *Quel parti nouveau vit-on encore se former à Rome?* Le jeune Octave, petit-neveu et fils adoptif de César, vint réclamer les droits que lui donnaient le testament et l'adoption de son grand-oncle; Cicéron le soutint de tout son crédit et mit le sénat dans ses intérêts.

442. *Comment Octave parvint-il au consulat en 43?* Marc Antoine avait voulu se mettre par la force en possession de la Gaule Cisalpine. Cicéron le fit déclarer ennemi du peuple et prononça contre lui ses fameuses Philippiques; les deux consuls Hirtius et Pansa furent envoyés avec Octave pour le combattre. Antoine, vaincu près de Modène, alla rejoindre Lépide qui avait le gouvernement de la Gaule Transalpine. Les deux consuls étaient restés sur le champ de bataille. Octave, qui avait pris le nom de son grand-oncle, s'empara du consulat à l'aide de ses légions.

----

§ XII. — Second triumvirat.

Rome gémit bientôt sous le triumvirat.
De Cicéron Antoine a demandé la tête.
Vers ce temps, de Brutus la mort suit la défaite.
De Cléopâtre Antoine est follement épris.
Octave donne aux siens les terres des proscrits.
Vainqueur l'an trente-et-un sur les côtes d'Épire,
Près d'Actium, du monde il a conquis l'empire.
L'an trente il ferme enfin le temple de Janus.

443. *Comment fut établi le second triumvirat?*
8.

Octave, voulant anéantir le parti républicain, abandonna la cause du sénat et entama des négociations avec Antoine et Lépide. Tous trois dans une conférence qui eut lieu près de Bologne, en 43, convinrent de se déclarer, sous le titre de *triumvirs*, les chefs de la république, et ils en partagèrent entre eux les provinces et les légions; puis ils prirent des mesures pour abattre les restes du parti républicain.

444. *Quel fut le premier usage que les triumvirs firent en commun de leur autorité?* Comme ils avaient besoin d'argent pour faire la guerre et pour satisfaire aux prétentions des légions, ils dressèrent des listes de proscription, firent périr les citoyens riches et puissans qui leur donnaient de l'ombrage, et s'emparèrent des dépouilles de leurs victimes.

445. *Comment finit Cicéron dans la proscription des triumvirs?* Antoine qui avait juré à Cicéron une haine implacable à cause de ses Philippiques (1), demanda sa tête à Octave qui eut la lâcheté de la lui accorder sur-le-champ.

446. *Quels ennemis les triumvirs avaient-ils encore à combattre?* Le parti républicain n'était pas encore anéanti; Brutus et Cassius s'étaient rendus maîtres de la Macédoine et de l'Orient; Sextus Pompée avec ses flottes s'était emparé de l'Espagne, de la Sicile, de la Corse et de la Sardaigne. Octave et Antoine se chargèrent de faire la guerre en Orient; Lépide resta à Rome pour s'occuper du gouvernement de l'Italie.

---

(1) Ces harangues furent ainsi nommées parce qu'elles eurent pour objet d'animer les Romains contre Antoine, comme **Démosthènes** avait animé les Athéniens contre **Philippe.**

447. *Comment le parti de la république perdit-il ses derniers appuis ?* Brutus et Cassius furent vaincus près de Philippes en Macédoine, dans une double bataille, par les troupes d'Antoine et d'Octave, l'an 42, et après leur défaite ils se donnèrent la mort.

448. *Que firent Antoine et Octave après la bataille de Philippes ?* Antoine se rendit en Asie pour régler le sort des provinces d'Orient, et de là à Alexandrie où il oublia, auprès de Cléopâtre reine d'Egypte, ses propres intérêts et ceux de sa patrie. Octave retourna à Rome et donna à ses soldats les terres des proscrits.

449. *Quelle mésintelligence éclata tout à coup entre Octave et Antoine ?* Fulvie, femme d'Antoine, sema la division entre les triumvirs dans l'espoir de forcer son époux à s'éloigner de Cléopâtre. Le consul Lucius Antonius, frère du triumvir, attaqua Octave qui le renferma dans Pérouse. Antoine quitta l'Egypte et vint trouver à Athènes Fulvie mourante; puis s'étant réconcilié avec Sextus Pompée, il débarqua à Brindes. Les deux rivaux étaient en présence et allaient commencer le combat lorsqu'ils se rapprochèrent; le mariage d'Antoine avec Octavie fut le gage de leur réconciliation. Ils se partagèrent de nouveau l'empire en 40; Octave garda l'Occident, Antoine l'Orient, et Lépide l'Afrique.

450. *Quel peuple belliqueux vint attaquer les Romains en Orient ?* Pacorus, fils d'Orode, roi des Parthes, guidé par Labiénus, lieutenant de Brutus et de Cassius, s'était emparé, en 41, de la Syrie et de la Cilicie, et avait ensuite placé Antigone sur le trône de Judée. Ventidius, lieutenant d'Antoine, repoussa les Parthes, fit Labiénus prisonnier en l'an 39, vainquit Pacorus une seconde fois et le tua. Antoine, jaloux des exploits de son lieutenant, quitta Athènes et voulut aussi combattre les Parthes, mais il fut obligé de revenir en Syrie. Il imposa un tribut à Antiochus, roi de la Comagène, et soutint Hérode qui s'empara de Jérusalem après avoir fait périr Antigone.

451. *Quelle guerre vint de nouveau occuper les armes d'Octave?* Scribonia, sœur du beau-frère de Sextus Pompée, ayant été répudiée par son mari Octave, ce divorce excita le ressentiment de Sextus; il arma ses flottes et vint menacer les côtes de l'Italie. Octave, après plusieurs échecs, ayant réuni à sa flotte les vaisseaux d'Antoine et de Lépide, vainquit Pompée sur les côtes de Sicile en l'an 36 par l'habileté d'Agrippa, et força son adversaire à se sauver en Asie où il fut tué par les ordres d'Antoine.

452. *Comment Octave devint-il enfin maître absolu de la république?* Lépide à la tête des troupes de terre ayant voulu après la défaite de Pompée s'emparer de la Sicile, Octave, par ses intrigues, attira sous ses drapeaux, les légions de Lépide, et força ce triumvir à se démettre de son autorité; il lui permit de vivre en exil à Circeyes, petite ville d'Italie. Il lui fut plus difficile de se défaire de son autre rival. Antoine était maître de l'Orient et adoré de ses soldats; mais la mauvaise issue d'une expédition contre les Parthes et sa passion pour Cléopâtre indisposèrent les Romains contre lui et servirent merveilleusement les intérêts d'Octave. Pour épouser la reine d'Egypte, Antoine répudia Octavie, sœur d'Octave. Ainsi fut rompu le lien qui unissait les deux maîtres du monde. La guerre fut déclarée entre eux. Ils se livrèrent, l'an

, près d'Actium en Epire un combat naval d'où Octave sortit vainqueur; Antoine abandonna sa flotte et son armée au milieu du combat et s'enfuit avec Cléopâtre en Egypte où Octave le poursuivit.

453. *Comment finirent Antoine et Cléopâtre?* Antoine, après avoir vainement essayé de se défendre dans Alexandrie contre Octave, se donna la mort. Cléopâtre se fit piquer par un aspic pour éviter de tomber vivante au pouvoir du vainqueur et de servir à son triomphe. Avec elle finit le royaume des Lagides qui avait duré 296 ans. L'Egypte fut réduite en province romaine en l'an 30; ayant vaincu tous ses ennemis, Octave ferma le temple de Janus.

TROISIÈME PÉRIODE.

L'EMPIRE.

31 ANS AVANT J.-C.—395 ANS APRÈS J.-C.

(Espace de 426 ans.)

PREMIÈRE PARTIE.

PRINCIPAT.

(31 ans avant J.-C.—192 ans après J.-C. Espace de 223 ans.) (

§ I. — Auguste.

Auguste a sous ses lois tous les peuples connus,
Fait oublier Octave, et profond politique,
Déguise habilement son pouvoir monarchique.

454. *Quelle sage politique suivit Octave lorsque*
la mort d'Antoine lui eut livré la république? Il
déguisa sa domination absolue en conservant l'i-
mage de l'ancien gouvernement, partagea les provinces avec le sénat, et réunit en sa personne toutes
les magistratures républicaines. Il était à la fois
consul, tribun, proconsul, préfet des mœurs, souverain pontife, et sous le titre d'*imperator* il demeura général en chef des armées, qu'il rendit
permanentes. Il lui fallait un nouveau nom pour
faire oublier les fureurs d'Octave, il se fit donner

celui d'Auguste, qui devint le titre distinctif des empereurs. Secondé par Agrippa et Mécène, ses confidens intimes, il s'appliqua à réparer les maux de la guerre et à faire fleurir les arts de la paix. Enfin pour éviter toutes les apparences de l'usurpation, il ne prit d'abord le souverain pouvoir que pour dix ans; mais il se le fit ensuite prolonger tous les dix ou cinq ans.

455. *Quelle milice permanente Auguste établit-il pour la sûreté de la capitale et du trône?* Il établit neuf cohortes prétoriennes (1) ou gardes de l'empereur, et trois cohortes urbaines qui veillaient à la sûreté de la ville. Pendant 25 ans les prétoriens n'eurent d'autre chef que l'empereur, plus tard on les verra décider du sort de l'empire.

456. *Quel succès Auguste obtient-il au dehors pendant les vingt-quatre années qui précèdent la naissance de Jésus-Christ?* « Il dompte, vers les Pyrénées, les Cantabres et les Asturiens, révoltés : l'Éthiopie lui demande la paix ; les Parthes, épouvantés, lui renvoient les étendards pris sur Crassus avec tous les prisonniers romains ; les Indes recherchent son alliance; ses armes se font sentir aux Rhètes ou Grisons, que leurs montagnes ne peuvent défendre; la Poméranie le reconnaît, la Germanie le redoute, et le Weser reçoit ses lois. Victorieux par mer et par terre, il ferme le temple de Janus (2). Tout l'univers vit en paix sous sa puissance, et Jésus-Christ vient au monde. » (Bossuet.)

____

(1) Ce mot vient de *prætorium* qui signifie : tente du chef, du général; lieu où l'on exerce le souverain pouvoir par l'administration de la justice, *prétoire*.

(2) Il le ferma trois fois : l'an 29, l'an 24 et l'an 8 avant J.-C.

Dans son siècle ont brillé Salluste et Cicéron,
Tite Live et Népos et Vitruve et Varron,
Denys d'Halicarnasse et Lucrèce et Catulle,
Virgile, Horace, Ovide et Properce et Tibulle.

457. *En quoi le premier siècle avant Jésus-Christ est-il particulièrement remarquable ?* Le premier siècle avant J.-C., auquel Auguste a donné son nom, et qui forme un des quatre grands siècles de la littérature, des arts et des sciences, sera à jamais célèbre par les grands écrivains qu'il a produits. C'est la plus brillante époque de la littérature latine.

458. *Par quels ouvrages se sont fait connaître les plus célèbres prosateurs du premier siècle avant Jésus-Christ ?*

Salluste, historien concis et énergique, a écrit l'*Histoire de la conjuration de Catilina* et celle de la *Guerre de Jugurtha.* Il s'éleva avec force contre les vices de son temps; mais personne ne se préserva moins que lui de leur contagion.

Cicéron (mort 43 avant Jésus-Christ), orateur, rhéteur et philosophe, s'est montré dans ses harangues le rival de Démosthènes. Il donna à la philosophie tout le temps que lui laissèrent les affaires publiques. Le plus célèbre de ses ouvrages philosophiques est le *Traité des Devoirs (de officiis)*, le plus beau code de morale que nous aient transmis les anciens.

Tite Live, écrivain d'une brillante facilité et d'une élégance continue, a composé une histoire romaine divisée en 140 livres dont il ne nous reste que 35.

Jules César, aussi bon historien qu'habile capitaine, dans des mémoires connus sous le nom de *Commentaires,* a raconté ses victoires avec la même rapidité qu'il les a remportées.

Cornélius Népos, biographe, ami de Cicéron et d'Atticus, a écrit avec élégance et précision la vie des grands capitaines de la Grèce.

Denys d'Halicarnasse, historien grec, est auteur d'un ouvrage sur les antiquités romaines, partagé en 20 livres dont il ne nous reste que les 11 premiers. *Diodore de Sicile*, autre historien grec, a composé une bibliothèque historique divisée en 40 livres dont 15 seulement sont parvenus jusqu'à nous.

Trogue-Pompée publia une histoire universelle qui n'est point parvenue jusqu'à nous, mais dont Justin nous a donné l'abrégé.

Vitruve, architecte, a laissé sur son art un ouvrage estimé.

Terentius Varron, le plus docte des Romains, a laissé un traité de la langue latine, et un autre sur l'agriculture.

459. *Quels sont les principaux poëtes du premier siècle avant Jésus-Christ?* Dans le premier siècle avant J.-C. florissaient les poëtes Lucrèce, Catulle, Properce, Tibulle, Virgile, Horace et Ovide.

460. *Quel ouvrage a laissé Lucrèce?* Lucrèce a laissé un poëme intitulé *de la Nature des choses*, dans lequel il expose en beaux vers la doctrine d'Épicure (Le cardinal de Polignac a réfuté cette doctrine aussi en très beaux vers dans un poëme intitulé : *L'Anti-Lucrèce*).

461. *Dans quel genre se sont distingués Catulle, Properce et Tibulle?* Catulle, Properce et Tibulle ont excellé dans la poésie légère et dans l'élégie.

462. *Par quels ouvrages Horace s'est-il immortalisé?* Horace s'est immortalisé par des odes où étincellent des beautés de tout genre; par des épîtres et des satires qui sont pleines de sel et de finesse ; et par un Art poétique qui sera le code éternel du bon goût.

463. *Comment Ovide Nason s'est-il rendu célèbre?* Ovide s'est rendu célèbre par sa prodigieuse facilité pour la poésie, et par son exil dont on ignore le véritable motif. Le poëme des *Métamorphoses* est son chef-d'œuvre.

464. *Quels poëtes grecs ont servi de modèle à Virgile?* Virgile, prince des poëtes latins, a imité Théocrite dans ses Églogues ou poésies pastorales; Hésiode, dans ses *Géorgiques*, poëme didactique sur l'agriculture d'une perfection achevée; et Homère, dans son *Énéide*, admirable épopée dans laquelle Virgile a voulu flatter à la fois les Romains et Auguste : les uns, en célébrant l'origine de Rome, et l'autre, par le double rapport qu'il établit entre Énée et le premier chef de la monarchie romaine, tous les deux fondateurs et législateurs. Virgile naquit 3o ans avant J.-C., mourut 19 ans après, et vécut avec Horace, son ami, dans l'intimité d'Auguste et de Mécène, le protecteur des hommes de lettres. Le nom de Mécène, devenu commun, se donna depuis à tous les protecteurs des lettres et des arts.

SYNCHRONISMES. Ier SIÈCLE AVANT J.-C. — 79. Mort d'Alexandre-Jannée, roi des Juifs. — 70. Ses fils Hyrcan II et Aristobule II, se disputent le trône. — Hérode est reconnu roi des Juifs par les Romains — 37. Hérode met à mort les derniers rejetons de la famille Asmonéenne.

[Premier siècle après J.-C. — 1 à 100.]

L'an neuf, en Germanie, a succombé Varus.
A la fleur de son âge a péri Marcellus.
Auguste, envers Cinna, fait preuve de clémence;
L'an quatorze, à son gendre il lègue sa puissance.

465. *Quel désastre troubla la prospérité du rè-*

gne d'Auguste? Trois légions romaines comman-
dées par Varus furent entièrement détruites par
Arminius, jeune prince des Chérusques dans la forêt de Theuteberg (aux environs de Paderborn),
l'an 9 de J.-C.

466. *Quel fut le caractère de Livie qu'Auguste
épousa après l'avoir enlevée à son mari Tibérius
Néron?* Livie avait un esprit vif et insinuant qui lui
donna beaucoup d'empire sur Auguste. Jamais
femme ne poussa plus loin la politique et ne sut
mieux la couvrir. Le but constant de son ambition fut d'assurer, au préjudice de la famille d'Auguste, la grandeur de ses deux fils, Drusus et Tibère, qu'elle avait eus de son premier mari.

467. *Quels chagrins domestiques remplirent
d'amertume les dernières années d'Auguste?*
Les désordres de sa fille unique, Julie, qu'il avait
eue d'une première femme, l'obligèrent à l'exiler.
Il vit mourir à la fleur de l'âge son neveu Marcellus, prince qui donnait les plus hautes espérances,
et ses petits-fils Caïus et Lucius qu'il chérissait ten-
drement et qu'il avait nommés Césars. Il fut forcé
d'exiler son petit-fils Agrippa Posthumus, qui l'a-
vait irrité par ses propos arrogans et injurieux, et
d'infliger le même châtiment à Julie, sa petite-fille,
qui se livra aux mêmes déréglemens que sa mère.

468. *Quel mémorable exemple de clémence Auguste donna-t-il?* Cinna, petit-fils de Pompée, bien
qu'Auguste l'eût comblé de bienfaits, ourdit une
conspiration contre sa vie. Auguste lui pardonna et
le mit même au nombre de ses amis. Cette clémence
gagna à Auguste tous les cœurs, et depuis il ne se
forma aucun complot contre lui.

469. *A quelle haute fortune prétendait Tibère?*
Tibère aspirait à remplacer Auguste sur le trône.

Jaloux de la tendresse que l'empereur montrait à ses petits-fils Caïus et Lucius, il s'était retiré de la cour; mais la mort prématurée de ces jeunes princes lui rendit toutes ses espérances : il revint à Rome, et, soutenu par le crédit de Livie, il fut adopté et associé à l'empire par Auguste, à condition qu'il adopterait à son tour son neveu Drusus Germanicus, fils de son frère Drusus, mort en Germanie, l'an 9 avant Jésus-Christ.

470. *Quelle loi particulière publia Auguste ?* Auguste publia la loi Papia Poppæa ainsi appelée, selon l'usage, du nom des deux consuls en charge. Cette loi prononçait plusieurs peines contre les citoyens romains qui ne se mariaient pas afin d'être exempts de la peine d'élever des enfans et de leur donner un état.

471. *Quelle fut la fin d'Auguste ?* Auguste mourut à Nole, le 19 du mois qui portait son nom (1), l'an 14 de J.-C., âgé de 76 ans, après avoir régné seul 44 ans, depuis la bataille d'Actium. Se sentant près de sa fin, il se fit apporter un miroir et se fit coiffer et farder; puis ayant fait entrer ses amis il leur demanda : « Ne vous semble-t-il pas que j'ai assez bien joué mon rôle dans la comédie de la vie ? la pièce est jouée, applaudissez tous avec joie. » Il expira aussitôt, âgé de 76 ans.

472. *Par quel mot a-t-on bien jugé les moyens qu'employa Auguste pour parvenir au pouvoir et l'usage qu'il en fit ensuite ?* On a dit de cet empereur qu'il n'aurait jamais dû ni commencer ni finir

---

(1) Ce mois s'appelait *sextilis*. Un décret du sénat changea ce nom en celui d'Auguste, parce que dans ce mois Auguste avait été nommé consul pour la première fois; c'est ainsi que le mois *quintilis* avait été nommé *julius* (juillet) en l'honneur de Jules César.

de régner; parce qu'il employa la violence pour arriver au pouvoir souverain, et qu'il fit sur le trône
un usage modéré d'une puissance sans limites, de
telle sorte que le règne glorieux et paisible de
l'empereur fit oublier les sanglantes proscriptions
du triumvir.

473. *De quels membres se composa la famille
d'Auguste ?*

OCTAVIE, *sa sœur,*

eut d'un premier mari . . . . *Marcellus.*

d'Antoine . . . . *Antonia.*

SCRIBONIA, *sa deuxième femme*, lui donna. . . . *Julie.*

LIVIE, *sa troisième femme,*

avait eu de Tibère Néron. . . . . { TIBÈRE. / DRUSUS.

JULIE, *sa fille*

épousa 1° *Marcellus.*

2° *Agrippa,* de qui elle eut { Caïus. / Lucius. / Agrippine. / Julie. / Agrippa.

3° *Tibère.*

ANTONIA, *sa nièce,*

épousa *Drusus,* de qui elle eut . . { Germanicus. / CLAUDE.

AGRIPPINE, *sa petite fille,*

épousa *Germanicus,* de qui elle eut { CALIGULA. / Agrippine.

AGRIPPINE II, *son arrière-petite-fille*, fut mère de NÉRON,
avec lequel s'éteignit la famille d'Auguste.

474. *Citez quelques paroles remarquables d'Auguste.* Peu de temps avant de mourir, il dit qu'il
avait trouvé Rome bâtie de briques et qu'il la lais-

sait bâtie en marbre, et donna aux Romains le conseil de ne plus chercher de nouvelles conquêtes.

Il trouva un jour un de ses petits-fils lisant Cicéron ; le jeune homme épouvanté s'empressa de cacher le volume ; l'empereur voyant de quoi il s'agissait, le rendit en disant : « Mon fils, ce grand homme était fort instruit et aimait beaucoup sa patrie. »

§ II. — Tibère.

L'astucieux Tibère est prodigue de sang;
Il immole Agrippa, Germanicus, Séjan.

475. *Quel caractère montra sur le trône Tibère?* Rusé politique, Tibère, beau-fils, gendre, fils adoptif et enfin successeur d'Auguste, l'an 14, n'accepta le souverain pouvoir qu'après s'être fait beaucoup solliciter ; il refusa toujours le titre de *seigneur* ou de *maître*, rendit le sénat complice de ses crimes et en fit l'instrument docile de sa tyrannie : ombrageux despote, il fit un horrible abus des accusations de lèse-majesté, et se servit de cette arme redoutable pour perdre tous ceux qui avaient encouru sa haine ou seulement excité ses défiances. La délation devint sous son règne le plus sûr moyen de parvenir aux honneurs et aux richesses.

476. *Quelle fut la première victime que Tibère immola, dans sa propre famille, à sa jalouse défiance?* La première victime de Tibère fut son neveu Germanicus, prince orné de toutes les vertus, presque adoré du peuple et des armées, et qui devait le surnom de *Germanicus* à ses grandes victoires sur les Germains. Tibère le rappela de Germanie et l'envoya en Orient pour apaiser des troubles qui avaient éclaté en Syrie. Ce fut là qu'après une heureuse pacification, il le fit secrètement empoisonner, l'an 19, par le ministère de Pison et de sa femme Plancine.

477. *De quels autres actes de cruauté se souilla Tibère?* Tibère fit périr plusieurs milliers de citoyens romains, et n'épargnant pas même sa famille, il immola sa femme Julie, Agrippa Posthumus, fils de Julie, la veuve et les fils de Germanicus, à l'exception de Caïus Caligula.

478. *Où Tibère passa-t-il les dernières années de sa vie?* Ce tyran quitta Rome où tout lui reprochait ses crimes et ses meurtres, et se retira, l'an 27, dans l'île de Caprée, afin d'exercer de là sa tyrannie avec plus de sécurité. Il se livra dans cette retraite à la plus infâme débauche.

479. *Pourquoi Tibère fit-il périr Séjan?* Tibère fit périr avec une apparence de justice son orgueilleux favori Séjan, parce que ce courtisan, qui avait abusé de la faveur de son maître pour commettre des crimes et des vexations de tout genre, et pour faire périr par des voies secrètes la famille de Germanicus, aspirait visiblement à l'empire.

480. *A quel redoublement de cruauté de la part de Tibère la mort de Séjan donna-t-elle lieu?* Sous le prétexte de punir les complices de Séjan, Tibère versa des flots de sang. Ce fut un crime d'état d'avoir connu, d'avoir salué le favori. Les amis, les parens des victimes ne pouvaient sans danger leur donner des larmes. La terreur régnait dans Rome : on n'osait pas se parler, et plus

la cruauté s'acharnait, plus la compassion était interdite. Ce n'était point assez pour Tibère de faire mourir des citoyens, il voulait que leur mort fût cruelle. Apprenant qu'un de ces malheureux s'était ôté la vie de ses propres mains : *il m'a échappé*, s'écriait avec dépit le féroce Tibère.

481. *Où et comment mourut Tibère ?* Tibère mourut à Misène, étouffé sous des matelas que Macron et Caius Caligula firent jeter sur lui, dans la crainte qu'il ne revînt d'une défaillance qui l'avait pris : il était âgé de 78 ans et en avait régné 23 (1).

482. *Quel grand événement s'est accompli en Judée sous le règne de Tibère?* Tandis que ce monstre couronné accablait l'empire romain de son sceptre de sang, le Fils de Dieu, le pacificateur des hommes, accomplissait par sa mort volontaire, sur le Golgotha, l'ineffable bienfait de la rédemption du genre humain.

---

§ III. — Caligula.

Caligula dans Rome a, malgré sa démence
Gardé pendant quatre ans la suprême puissance.

483. *Quel fut le successeur de Tibère ?* A Ti-

---

(1) Tacite résume ainsi le caractère et le règne de Tibère : « Une
« vie et une réputation honorable tant qu'il fut homme privé, ou
« qu'il commanda sous Auguste; du secret et de la ruse pour con-
« trefaire tant que Germanicus et Drusus vivaient encore. Mêlé de
« bien et de mal jusqu'à la mort de sa mère; détestable par sa
« cruauté, mais caché dans ses débauches, tant qu'il aima Séjan ou
« qu'il en eut peur; enfin il se précipita tout ensemble dans les cri-
« mes et dans les infamies, depuis que, libre de honte et de crainte il
« n'agissait plus que par son propre génie. »

bère succéda Caïus Caligula (1), né à Trèves, fils de Germanicus et d'Agrippine. Tibère l'avait adopté dans la persuasion que les vices de ce jeune homme feraient oublier les siens.

484. *Comment Caligula prouva-t-il que Tibère l'avait bien jugé?* Ce jeune prince, dont les facultés intellectuelles avaient été troublées et affaiblies par la maladie et la débauche, trompa cruellement les espérances qu'avait fait naître l'heureux début de son règne. Jetant bientôt le masque, il se livra à son humeur sanguinaire, commit les actions les plus insensées, ruina le trésor par les plus extravagantes profusions, et réunit en lui tous les vices dont l'humanité corrompue est capable.

485. *Jusqu'à quel point Caligula poussa-t-il la démence?* Il fit son cheval pontife, puis consul, en lui donnant pour collègue, dans cette seconde dignité, Claude son oncle.

486. *Par quels traits de férocité Caligula se peignait-il lui-même?* Il témoigna le désir que le peuple romain, qu'il avait déjà tenté d'affamer par le monopole des blés, n'eût qu'une tête pour qu'il pût se donner le plaisir de la lui trancher d'un seul coup (2).

---

(1) Le nom de *Caligula* venait d'une espèce de chaussure gauloise qu'on lui fit porter dans son enfance afin de le rendre agréable aux soldats gaulois qui étaient en très grand nombre dans l'armee de Germanie que commandait Germanicus son père.

(2) Caligula peignit lui-même toute la férocité de son caractere en recommandant aux séides de ses volontés sanguinaires de ne pas ôter la vie tout d'un coup à ses victimes, mais de les faire mourir lentement. *Frappe*, disait-il, *de manière qu'ils se sentent mourir.*

Un jour qu'il avait à dîner les deux consuls, il éclata tout à coup de rire. ceux-ci lui ayant demandé l'heureux sujet qui faisait rire le divin César : *Je pensais*, leur dit-il, *que d'un clin d'œil je puis vous faire égorger tous deux à l'instant.*

9.

487. *Comment finit Caligula?* Deux officiers des gardes prétoriennes délivrèrent, l'an 41, le monde de ce tyran, en le tuant au moment qu'il parcourait une galerie voûtée.

---

§ IV. — Claude.

Claude, à son propre fils, a préféré Néron.
En l'an cinquante-quatre il meurt par le poison.

488. *Quel fut le successeur de Caligula?* Caligula eut pour successeur Claude, son oncle, âgé de 50 ans, frère de Germanicus; ce fut le premier empereur que les gardes prétoriennes placèrent sur le trône : il leur accorda en récompense la gratification appelée depuis *donativum*. Pour avoir fréquemment ce donativum, les prétoriens ne laissaient pas longtemps vivre un empereur économe.

489. *Comment Claude fut-il proclamé empereur?* Claude, aussi accessible à la peur qu'exempt d'ambition, voyant son neveu assassiné sous ses yeux, ne s'occupa que du soin de se cacher; il se traîna dans une galerie et se blottit derrière la tapisserie qui couvrait la porte. Un soldat que le hasard y conduisit, aperçut ses pieds, voulut savoir qui c'était, le reconnut et le tira de là. Claude se jeta à ses genoux et lui demanda la vie; le soldat le salua empereur; d'autres arrivèrent, en firent autant, et le transportèrent aussitôt dans le camp des prétoriens, où il fut longtemps à se remettre de la frayeur qu'il avait éprouvée.

490. *Quel caractère montra-t-il sur le trône?* Trop faible pour gouverner par lui-même, presque imbécille, débauché et cruel par peur, il fut le jouet de ses affranchis et de sa femme, l'infâme Messaline, qu'il se vit obligé de faire mettre à mort.

491. *Quelle fut la seconde femme de Claude?* Claude eut pour seconde femme la fille de Germanicus, nommée, comme sa mère, Agrippine, qui, d'un premier mari, avait eu Domitius Néron.

492. *Quel était le but principal de la politique d'Agrippine, et que fit-elle pour y atteindre?* Agrippine voulait à tout prix assurer l'empire à son propre fils Néron, au préjudice de Britannicus, que Claude avait eu de Messaline. Pour atteindre son but, elle fit épouser à son fils Octavie, fille de Claude; le fit ensuite adopter par cet empereur, et s'assura d'avance des gardes prétoriennes, en élevant Burrhus à la place de préfet unique de ces mêmes gardes.

493. *Comment finit Claude?* Claude fut empoisonné, l'an 54, par Agrippine, qui était impatiente de voir monter son fils Néron sur le trône.

494. *Quel accroissement prit en ce temps l'empire romain?* Sous le règne de Claude, la Mauritanie, la Lycie, la Judée et la Thrace furent réduites en provinces romaines, et c'est de cette époque que datent les conquêtes des Romains dans la Bretagne, où Claude alla lui-même et où il fut vainqueur par ses généraux.

---

§ V. — Néron.

Néron, cruel tyran, par le meurtre d'un frère
Se prépare à celui d'Agrippine sa mère.

495. *Quelle fut la conduite de l'empereur Néron, successeur de Claude?* Après avoir montré pendant quelque temps de la modération, Néron

successeur de Claude cessa de dissimuler, secoua le joug de sa mère, méprisa les avis de son gouverneur Burrhus et de son précepteur Sénèque, et se livra à ses horribles penchans. Il pilla les provinces, non-seulement pour subvenir à ses débauches, mais encore pour s'attacher le peuple en lui donnant sans cesse des vivres et des spectacles. Foulant aux pieds toute dignité, il se fit histrion, passa en Grèce pour entrer en lice dans les jeux olympiques, et rentra en triomphe à Rome, entouré de comédiens et de musiciens.

496. *Quelles furent les principales victimes de la cruauté de Néron?* Néron immola Britannicus son frère, au préjudice duquel il régnait; Agrippine, sa mère, qui l'avait placé sur le trône; son gouverneur Burrhus; son précepteur Sénèque; Octavie, sa première femme, fille de Claude; Poppée, sa seconde femme, qu'il avait ravie à Othon; le poëte Lucain, neveu de Sénèque; enfin le brave Corbulon, qui lui avait soumis l'Arménie.

497. *Quel fut le plus horrible des forfaits de Néron, et comment chercha-t-il ensuite à s'en justifier?* Il mit le feu à Rome pour se faire une image de l'incendie de Troie, et persécuta ensuite les chrétiens comme auteurs de ce crime. Telle fut l'origine de la première persécution contre les chrétiens, pendant laquelle furent martyrisés à Rome les apôtres saint Pierre et saint Paul.

498. *Quelle fut la fin de Néron?* Plusieurs conspirations furent tramées dans le but de délivrer la terre du monstre dont le nom est devenu :

« Aux plus cruels tyrans une cruelle injure (1). »

----

(1) Agrippine voyant les assassins que Néron avait envoyés pour

Le vieux Galba, gouverneur de la Tarraconaise, fut proclamé empereur en Espagne par les légions qu'il y commandait. Le sénat ratifia cette élection, déclara Néron ennemi public et ordonna son suplice. Celui-ci s'y déroba par la fuite et se fit tuer, sur le lit d'un esclave, par un affranchi. Se voyant réduit à cette nécessité, il s'écria souvent : *Quel sort pour un si grand musicien!* Ainsi s'éteignit, l'an 68, la famille d'Auguste.

§ VI. — Galba, Othon, Vitellius.

Galba précède Othon que suit Vitellius.

499. *Comment finit Galba?* Après un règne de six mois, Galba successeur de Néron fut détrôné par Othon et assassiné par les prétoriens dont il s'était attiré la haine. On a dit de lui qu'on l'aurait toujours cru digne de l'empire, s'il n'eût jamais été empereur.

500. *Quelle réponse remarquable Galba fit-il aux prétoriens?* Lorsque les prétoriens lui demandaient les sommes énormes que les conjurés contre Néron leur avaient promises, Galba leur répondit : « Un général lève des soldats et ne les achète point. »

501. *Combien de temps Othon régna-t-il.* Othon successeur de Galba n'occupa le trône que trois mois : il fut reconnu par le sénat, mais non par les légions de Germanie, qui proclamèrent em-

---

la tuer, s'écria *Frappe ce sein qui a porté Néron.* Des devins lui avaient prédit que son fils régnerait, mais qu'il tuerait sa mère : *Qu'il me tue,* avait-elle répondu, *pourvu qu'il règne.*

pereur le lieutenant Vitellius qu'elles conduisirent en Italie. Othon alla à sa rencontre, et, après la bataille de Bédriac, il se tua lui-même pour ne pas prolonger la guerre civile.

502. *Comment Vitellius perdit-il l'empire et la vie ?* Pendant que cet empereur se rendait odieux aux Romains par sa cruauté et ses débauches, Flavius Vespasien, général habile, faisait avec succès la guerre aux Juifs révoltés. Les légions de Syrie qu'il commandait, le proclamèrent empereur; celles du Danube embrassèrent sa cause. et Vitellius, vers la fin de l'an 69, fut précipité du trône qu'il occupait depuis huit mois. Il s'était blotti dans la loge du portier du palais; il y fut saisi et garrotté; on lui mit une corde au cou, on déchira ses habits, on le traîna dans les rues, son corps fut jeté dans le Tibre et sa tête promenée au bout d'une pique.

503. *Faites connaître par quelques traits le caractère de Vitellius ?* Vitellius poussa à un incroyable excès l'amour de la bonne chère. Après avoir bien mangé il se faisait vomir pour manger encore. On lui servit dans un repas deux mille plats de poisson et sept mille pièces de gibier. Non moins cruel que glouton, il prononça en traversant le champ de bataille de Bédriac ces horribles paroles : « Le corps d'un ennemi mort sent toujours bon. »

----

§ **VII.** — Vespasien, Titus, Domitien.

Après Vespasien on voit régner Titus,
Dont le peuple bénit le pouvoir tutélaire,
Et que n'imita point Domitien son frère.

504. *Quel usage Vespasien fit-il de la souve-*

n*aine puissance ?* Vespasien, successeur de Vitellius, restaura les finances entièrement ruinées,
embellit Rome, bâtit le Colysée, le plus grand des
amphithéâtres de Rome, donna ses soins à l'instruction de la jeunesse, abolit les accusations de
lèse-majesté, et rendit au sénat quelque considération. Par sa sagesse et son habileté, il arrêta la décadence de l'empire. Les courtisans le raillèrent
sur son avarice; mais la postérité lui reproche avec
plus de raison le supplice d'Eponine et de Sabinus.

505. *Raçontez leur histoire?* Sabinus, seigneur
gaulois, avait voulu se faire proclamer césar dans
les Gaules. Vaincu, il avait pris la fuite, et accompagné de deux esclaves fidèles, il était parvenu à se
cacher dans un souterrain attenant à une maison
de plaisance; puis il avait fait répandre le bruit de
sa mort. Instruit du désespoir de sa femme Épo-
nine, il lui fit connaître le lieu de sa retraite; elle
voulut la partager, lui en adoucit l'horreur pendant neuf ans, et y mit au monde deux jumeaux.
Sabinus fut à la fin découvert et conduit à Rome
devant Vespasien. Eponine, après avoir inutilement essayé de fléchir l'empereur en lui montrant
ses deux enfans, mourut courageusement avec son
mari.

506. *Par qui fut continuée la guerre contre les
Juifs?* La guerre que Vespasien faisait aux Juifs
vivant son avénement au trône, fut continuée par
Titus, son fils, qui réduisit les Juifs aux plus cruelles extrémités, comme Jésus-Christ l'avait prédit ;
et qui, après six mois de siége, prit Jérusalem d'as-
saut, l'an 70, et la détruisit entièrement. Les plus
précieux ornemens du temple furent transportés à
Rome.

507. *Quelle guerre les Romains firent-ils en*

même temps dans l'Occident? Pendant le même
temps les Romains firent la guerre aux Bataves qui
s'étaient soulevés sous la conduite de l'intrépide
Civilis, et qui avaient trouvé des alliés dans la
Gaule. Céréalis vainquit les Bataves et leurs alliés
et les contraignit d'en venir à un accommodement.

508. *Quelle conquête les Romains poursuivi-*
rent-ils sous le règne de Vespasien? Les Romains
sous le règne de Vespasien, poursuivirent la conquête de la Bretagne qu'Agricola soumit entièrement de 78 à 85. Il attaqua aussi l'Ecosse et en fit
le tour par mer.

509. *Quand mourut Vespasien?* Vespasien mourut en 79, après avoir régné près de dix ans; quoique malade et près de mourir, les devoirs de la souveraineté occupaient tellement son âme qu'il voulut se lever et dit : « Il faut qu'un empereur meure
debout. » Avec lui monta sur le trône une nouvelle
famille qui a donné à Rome trois empereurs.

510. *Quel fut le successeur de Vespasien?* Le
successeur fut Titus, l'aîné de ses fils, que la sagesse de son administration et sa rare bonté firent
surnommer *les délices du genre humain.* Un jour
où il n'avait eu l'occasion de faire du bien à personne, il dit à ses courtisans : « Mes amis, j'ai perdu
ma journée. »

511. *Quelles calamités publiques signalèrent le*
court règne de Titus? La première éruption du
Vésuve, l'an 79, ensevelit sous les cendres plusieurs villes, entre autres Herculanum et Pompéies.
Pline le naturaliste voulut s'approcher de la montagne pour observer ce phénomène, et périt victime
de son amour pour la science. Un incendie détruisit le Panthéon et le Capitole, et fut suivi d'une

maladie contagieuse. Titus fit tous ses efforts pour adoucir et réparer ces désastres.

512. *Par qui fut remplacé Titus?* Après deux ans et deux mois de règne, Titus fut remplacé, l'an 81, par Domitien, son frère, despote effréné. Il imita les folies et les cruautés de Néron, remit en usage les jugemens de lèse-majesté, avilit le sénat, se fit appeler dieu, et persécuta les chrétiens, les philosophes et les gens de lettres. Cependant on lui entendait dire souvent : « Le prince qui ne punit point les délateurs les amorce et les invite. »

513. *Comment Domitien montra-t-il son mépris pour le sénat?* Il invita un jour à un festin les principaux sénateurs, fit tendre la salle en noir et préparer autant de cercueils que de convives; puis, après avoir joui de leur terreur, il les congédia. Une fois il convoqua le sénat pour décider dans quel vase on devait faire cuire un turbot.

514. *Quelles preuves Domitien donna-t-il de sa vanité, de sa jalousie et de sa lâcheté?* Domitien fit quelques ravages sur les terres des Cattes, l'an 82, et, sans avoir vu l'ennemi, il se proclama vainqueur. Jaloux de la gloire d'Agricola, il le rappela de Bretagne. Dercebal, roi des Daces ou Gètes, ayant attaqué avec succès les frontières de l'Italie, Domitien acheta de lui la paix par un tribut annuel.

---

§ VIII. — Nerva, Trajan, Adrien.

Nerva laisse à Trajan le pouvoir souverain.

515. *Quel fut le successeur de Domitien?* Un complot délivra Rome l'an 96 du tyran qui l'oppri-

mait depuis quinze ans, et porta à l'empire le sage
et doux Nerva âgé de 70 ans. Avec ce prince commença une plus heureuse période pour l'empire.
Se sentant trop faible pour soutenir le poids de la
couronne, Nerva adopta et associa à l'empire un
Espagnol nommé Trajan, qui, peu de temps après,
lui succéda, et dont le règne fut pour l'empire une
brillante époque de prospérité.

516. *Quelle gloire Trajan acquit-il comme
homme d'état?* Trajan abolit complétement les
jugemens pour crime de lèse-majesté, et voulant
relever l'ancienne constitution de l'état, il rendit
aux comices les élections; au sénat, son indépendance; aux magistrats, la considération; et donna
toujours lui-même l'exemple de la soumission aux
lois. Il fit construire des grandes routes, des ponts,
des chaussées, de magnifiques monumens publics;
et ouvrit des écoles pour les enfans pauvres.

517. *Comment Trajan exprimait-il la règle de
conduite qu'il s'était tracée?* Ce prince à qui les
Romains donnèrent le glorieux titre d'*optimus*
disait souvent : « Tel j'ai souhaité, étant particulier, voir les empereurs être à mon égard, tel devenu empereur, je veux être à l'égard des particuliers. »

A leurs écrits Lucain, Pline, Quintilien,
Sénèque, Juvénal, Phèdre doivent leur gloire.
Tacite des tyrans a flétri la mémoire.

518. *Quels sont les poëtes latins qui florissaient dans le pre
mier siècle après J.-C.?* Dans le premier siècle après J.-C. ont
paru quelques célèbres poëtes, savoir : *Phèdre*, affranchi d'Auguste, qui a écrit sous Tibère des fables remarquables par leur
élégance; *Lucain*, auteur de *la Pharsale; Silius Italicus* qui a

raconté en vers la seconde guerre punique, *Valérius Flaccus*, auteur d'un poëme sur la conquête de la Toison-d'Or; *Stace*, auteur de *la Thébaïde; Perse* et *Juvénal*, poëtes satiriques: et *Martial*, épigrammatiste.

519. *Quel célèbre historien latin vivait dans le premier siècle?* Au premier siècle après J.-C. appartient l'historien *Tacite*, que Racine appelle le plus grand peintre de l'antiquité; il a écrit la vie d'Agricola, son beau-père, un *Traité sur les mœurs des Germains*, et l'*Histoire des empereurs depuis Tibère jusqu'à Nerva*: il ne nous reste qu'une partie de ce dernier ouvrage.

520. *Quels sont les autres auteurs célèbres qui appartiennent à ce même siècle?* Les auteurs les plus célèbres du premier siècle sont: parmi les Latins, *Velleius Paterculus*, le modèle des abréviateurs; *Valère Maxime*, qui a composé un recueil des actions et paroles mémorables des grands hommes; le philosophe *Sénèque*, dont les écrits ont puissamment contribué à la décadence du goût; *Quinte-Curce*, auteur d'une vie d'Alexandre élégamment écrite; *Pline* l'ancien, auteur d'une histoire naturelle, dépôt précieux des connaissances des anciens; *Quintilien*, qui tint aux frais du trésor public une école d'éloquence, lutta contre la corruption du goût, et nous a laissé un livre précieux intitulé: *de l'Éducation de l'orateur;* *Celse* surnommé l'Hippocrate latin qui a composé un traité de médecine élégamment écrit; et parmi les auteurs grecs, le géographe *Strabon*, et *Josèphe*, né à Jérusalem, qui a écrit une histoire des guerres des Juifs, composée d'abord en syriaque et qu'il traduisit ensuite en grec.

SYNCHRONISMES. 1ᵉʳ SIÈCLE APRÈS J.-C. — 3o. *Le Sauveur du monde commence sa prédication.* — 33. *Il est crucifié sur le Calvaire.* — 36. *Conversion de saint Paul.* — 44. *Premier concile des*

apôtres à Jérusalem. Saint Pierre fonde à Rome son siége épisco-
pal. — 64. Première persécution des chrétiens sous Néron. — 66.
Mort de saint Pierre et de saint Paul — 95. Deuxième persécu-
tion sous Domitien. — 99. Mort de saint Jean.

[Deuxième siècle après J·C. — 101 à 200.]

Partout vainqueur, Trajan du Parthe est redouté,
Et meurt l'an cent dix-sept des Romains regretté.
Il protégea Plutarque et fut loué par Pline.
Son pupille Adrien doit le sceptre à Plotine.

521. *Quelle gloire Trajan acquit-il comme gé-*
néral? Trajan recula par ses victoires les bornes de
l'empire, affranchit les Romains du honteux tribut
qu'ils payaient aux Daces, vainquit le roi Dercebal, et réduisit la Dacie en province romaine, l'an
106. Il porta, l'an 114, ses armes en Orient, vainquit les Parthes, qui s'étaient emparés de l'Arménie,
détrôna leur roi Cosroës et joignit à l'empire l'Arménie, la Mésopotamie et une partie de l'Arabie.

522. *Que fit le sénat pour perpétuer le souvenir*
des exploits de Trajan? Au milieu de la superbe
place construite par ce prince, le sénat fit élever
une colonne au haut de laquelle fut placée la statue de Trajan. La colonne, dite Trajane, haute de
47 mètres, subsiste encore; mais à la statue de l'empereur romain, le pape Sixte V a substitué celle
de l'apôtre saint Pierre (1).

523. *Quelle fut la fin de Trajan?* A son retour
de son expédition en Orient, Trajan mourut l'an
117, à Selinonte, ville de Cilicie, appelée depuis
Trajanopolis. Pendant un règne glorieux de 19
ans, ce grand prince fit le bonheur des peuples

---

(1) C'est sur le modèle de cette colonne qu'a été érigée celle de la
place Vendôme.

soumis à son sceptre ; ses cendres furent transpor-
tées à Rome et placées sous la colonne Trajane.

524. *Quels sont les deux célèbres écrivains qui florissaient
sous Trajan?* Sous Trajan florissaient *Pline* le jeune, neveu de
Pline le naturaliste, et *Plutarque*, né à Chéronée, en Béotie. Il
nous reste du premier, des lettres et un panégyrique de Trajan. Le second, regardé comme le modèle des biographes, a
écrit en grec la vie des hommes illustres et a fait de l'histoire
une école de morale.

525. *Comment Adrien parvint-il au trône ?*
Adrien, cousin et pupille de Trajan fut adopté par
cet empereur, à la sollicitation de Plotine femme
de Trajan ; proclamé à Antioche par les troupes,
Adrien fut ensuite reconnu par le sénat. Oubliant
les injures : « Vous voilà sauvé » dit-il, dès qu'il fut
le maître, à un de ceux qui devaient craindre le
plus son ressentiment.

526. *En quoi la politique d'Adrien différa-t-
elle de son prédécesseur ?* Au lieu de conquérir,
Adrien ne s'occupa qu'à conserver ; il fit la paix
avec les Parthes, remit leur roi Cosroës sur le
trône : et, abandonnant une partie des conquêtes
de Trajan en Orient, il donna de nouveau l'Euphrate pour limite à l'empire romain.

527. *Que fit Adrien pour assurer la prospérité
de l'empire?* Il entreprit une réforme générale de
l'administration intérieure, fortifia la discipline
militaire, et parcourut toutes les provinces de
l'empire romain, rétablissant partout un meilleur
ordre, et laissant de nombreuses fondations sur son
passage : on lui attribue les arènes de Nîmes, le
pont du Gard près de cette dernière ville, et la plupart des voies romaines.

528. *Quelles furent la cause et l'issue de la grande révolte qui éclata en Judée?* Adrien ayant voulu construire un temple à Jupiter dans la nouvelle ville que les Juifs avaient élevée près des murs de Jérusalem, ils prirent les armes en 132 sous la conduite d'un prétendu messie nommé Barcochab; ils furent taillés en pièces, et la nouvelle Jérusalem fut remplacée par la colonie d'Ælia-Capitolina, dont l'accès fut défendu aux Juifs

529. *Quel monument Adrien éleva-t-il dans la Bretagne?* Adrien y fit construire une grande muraille (entre Carlisle et Newcastle), pour préserver les Bretons des incursions des Pictes, ancien peuple de l'Écosse que les Romains ne purent soumettre.

530. *Quel successeur Adrien se désigna-t-il?* Il adopta Titus Antonin à la condition que celui-ci adopterait à son tour Marc Aurèle.

531. *Quelle fut la fin d'Adrien?* Adrien mourut à Baies, l'an 138, regretté des provinces et haï du sénat. Adrien ternit ses grandes qualités par la dépravation de ses mœurs, et souilla, par des actes de cruauté, un règne qui fut salutaire à tout l'état. Il mérita le titre de législateur par des lois pleines de sagesse; il ôta aux maîtres le pouvoir de vie et de mort sur leurs esclaves. Il tira des édits annuels des préteurs les meilleures décisions, et en composa un édit perpétuel pour servir de règle permanente (1).

---

(1) Les préteurs avant de siéger publiaient un édit dans lequel ils indiquaient dans quel ordre, comment et dans quel sens ils administreraient la justice pendant leur magistrature.

§ IX. — Antonin, Marc Aurèle, Commode.

En cent trente-huit règne Antonin le pieux,
Et sous lui vingt-trois ans les Romains sont heureux,
Il eut pour successeur ce sage Marc Aurèle,
Qui des rois vertueux est resté le modèle.
Dans le sang des Romains Commode s'est baigné.

532. *Quel noble caractere Antonin, surnommé le Pieux, montra-t-il sur le trône?* Quoique prince, Antonin vécut comme un simple particulier, administrant les affaires de l'état comme les siennes propres. Il honora le sénat, et les provinces fleurirent sous lui. Il maintint un ordre rigoureux dans les finances, et n'entreprit aucune guerre, ayant pour maxime qu'il vaut mieux sauver un citoyen que de tuer mille ennemis. Il signala sa clémence en arrêtant toutes recherches au sujet d'une conspiration : « Quel malheur pour moi, dit-il, si l'on trouvait que je suis haï d'un grand nombre de mes concitoyens! Il n'accordait de pensions sur le trésor qu'à ceux qui les méritaient : « Car, disait-il, c'est une chose honteuse et cruelle que la république soit rongée par ceux qui ne lui rendent aucun service. » Son règne, qui dura 23 ans, fut sans contredit la plus heureuse période de l'empire romain. Cet empereur était né à Lanuvium, de parens gaulois de Nîmes.

533. *Comment Antonin traita-t-il les chrétiens?* Les chrétiens étant tous les jours immolés à la fureur des païens au nom d'un si bon prince, saint Justin lui fit parvenir son *Apologie du christianisme;* Antonin en fut touché, publia un édit en faveur des chrétiens, et fit cesser la persécution ; dans son édit, il va jusqu'à prendre la défense des chrétiens, il loue la fidélité qu'ils gardent à leur

Dieu et le courage qui leur fait mépriser la mort. .
Il déclare que le nom de chrétien n'est point un
crime, et que quiconque est traduit en justice pour
ce seul sujet doit être renvoyé absous et son accu-
sateur puni.

534. *Qui succéda à Antonin*? Le successeur
d'Antonin fut le vertueux Marc Aurèle, son gendre. .
Il s'associa l'an 161 Lucius Vérus à qui il avait donné
en mariage sa fille Lucille, et Rome vit pour la
première fois régner ensemble deux empereurs
avec le titre d'Auguste.

535. *Quelle guerre fit Vérus?* Les Parthes ayant
repris les armes, Vérus marcha contre eux et les
vainquit, l'an 165, par l'habileté de ses lieutenans.

536. *Comment les deux empereurs Marc Aurèle et Lucius Vérus montrèrent-ils un caractère
opposé?* Marc Aurèle soutint toujours dans sa
conduite la réputation de sage et de philosophe;
Lucius Vérus, au contraire, prince indolent et vi-
cieux, n'eut d'autre qualité qu'une entière défé-
rence envers son collègue, qu'il laissa par sa mort
seul maître de l'empire, l'an 174.

537. *Quelle guerre occupa Marc Aurèle?* De
l'an 167 jusqu'à la fin de son règne, Marc Aurèle
eut à soutenir une guerre redoutable sur les bords
du Danube, contre les Marcomans et d'autres peuples du Nord. Il réussit, à la vérité, à assurer les
frontières de ce côté, mais il fut aussi le premier
qui permit aux Barbares de s'établir dans l'intérieur, et qui les prit à la solde de l'empire romain.

538. *Quelles calamités signalèrent le règne de
Marc Aurèle?* Pendant le règne de Marc Aurèle,
le débordement du Tibre causa une famine; des
incendies détruisirent plusieurs villes; une peste

redoutable ravagea l'empire. Marc Aurèle, par la sagesse de son administration, remédia à tant de maux.

539. *Que peut-on dire à la louange de Marc Aurèle?* Marc Aurèle fit asseoir en quelque sorte la philosophie sur le trône, et justifia ce mot de Platon : « Heureux les peuples où des philosophes sont rois, et où les rois sont philosophes. » Comme on lui reprochait de ne vouloir rien entreprendre sans le conseil du sénat : « N'est-il pas plus raisonnable, dit-il, de suivre l'avis d'un si grand nombre d'amis judicieux, que de les obliger à se soumettre à ma seule volonté. » Marc Aurèle a laissé douze livres de réflexions morales (en grec) sous ce titre : *A moi-même.* C'est un admirable résumé des plus nobles doctrines du stoïcisme.

540. *Quels reproches toutefois peut-on faire à Marc Aurèle?* On peut reprocher à Marc Aurèle d'avoir laissé prendre à sa famille et à ses affranchis trop d'influence, d'avoir souffert les déréglemens de sa femme Faustine, de sa fille Lucille et de son fils Commode, et enfin d'avoir persécuté les chrétiens.

541. *Dans quelle circonstance leur dut-il son salut?* Une pluie miraculeuse obtenue par les prières des chrétiens, sauva en 174 Marc Aurèle et son armée. Ce prince faisait la guerre aux Quades et aux Marcomans qui voulaient franchir le Danube et s'établir sur la rive droite de ce fleuve. Ils étaient parvenus à envelopper l'armée romaine que commandait l'empereur en personne, et à lui ôter tout moyen de se procurer de l'eau dans un temps d'extrême chaleur. La légion Mélitène composée de soldats chrétiens, et surnommée la *Foudroyante*, implora avec ferveur le Dieu vivant; bientôt le ciel se couvrit de nuages, une pluie abondante tomba sur le camp des Romains qui la recueillirent dans leurs casques, et s'en désaltérèrent, tandis qu'une grêle d'une grosseur extraordinaire accompagnée de tonnerre, tombait sur leurs ennemis et les dispersait épouvantés (1). Marc Aurèle, à la suite de cet événement publia un édit qui suspendit la persécution contre les chrétiens.

542. *Qu'a-t-on remarqué au sujet de Marc Aurèle?* Marc-Aurèle fut le dernier de cette suite de bons princes que l'*adoption* donna à l'empire et qui, commencée à Vespasien, ne fut interrompue que par Domitien.

543. *Quel fut le caractère de Commode?* Indigne fils du vertueux Marc Aurèle, et son successeur l'an 180, Commode fut un monstre de cruauté, de scélératesse, d'insolence et de débauche. Dès le commencement de son règne, il acheta la paix des Marcomans. Sa passion insensée pour les divertissemens de l'amphithéâtre, pour les combats de bêtes féroces et de gladiateurs, où il se présentait lui-même, se donnant pour un autre Hercule, fut une des principales causes de ses profusions et de sa cruauté.

544. *Comment finit Commode?* Marcia sa concubine le fit assassiner l'an 192, de concert avec Lætus, préfet du prétoire, parce qu'ils avaient trouvé leurs noms sur ses tablettes de proscription.

_____

(1) Tertullien, dans son *Apologétique* (c. 7), cite une lettre de l'empereur dans laquelle celui-ci rendant compte au sénat de ce prodige libérateur, reconnaissait en être redevable aux prières des soldats chrétiens.

DEUXIÈME PARTIE.

DESPOTISME MILITAIRE.

(192 — 284 ans après J.-C. Espace de 92 ans.)

___

§ I. — Pertinax, Didius Julianus, Septime Sévère.

Pertinax, Didius peu de temps ont régné.
Le pouvoir est conquis par Septime Sévère,
Prince dur et cruel, mais vaillant militaire.

545. *Qui succéda à Commode?* Les meurtriers de Commode placèrent sur le trône Helvius Pertinax, respectable vieillard, qui fut d'abord reconnu par les gardes et ensuite par le sénat.

546. *Quel fut le sort de Pertinax?* S'étant rendu odieux aux soldats par la réforme qu'il voulut introduire dans les finances, Pertinax fut, après un règne de trois mois, massacré par les prétoriens, qui, à partir de cette époque jusqu'à la fin du IIIe siècle, disposèrent à leur gré de l'empire.

547. *Qui succéda à Pertinax?* Après le massacre de Pertinax, prince vertueux, l'empire fut mis à l'enchère. Deux acheteurs se présentèrent : Sulpicianus, beau-père de Pertinax et Didius Julianus, vieux jurisconsulte ; ce dernier ayant porté l'enchère à une somme qui équivaut à 5,625 francs pour chaque prétorien, l'emporta sur son compétiteur, qui ne put la pousser qu'à 4,500. Didius ne fut pas reconnu par les légions. L'armée d'Illyrie proclama empereur son général Septime Sévère ; celle de Syrie, Niger ; et celle de Bretagne, Albinus.

548. *Comment finit le débat entre ces compéti

teurs de l'empire? Septime Sévère s'empara de Rome le premier. Didius fut mis à mort après un règne de deux mois. Septime Sévère marcha ensuite contre ses deux compétiteurs. Il poursuivit d'abord en Asie Niger, qui fut vaincu dans la plaine d'Issus en 194 et perdit la vie. Terrible après la victoire, Sévère assiégea et détruisit Byzance qui avait embrassé le parti de Niger. Sévère tourna ses armes contre Albinus qu'il avait d'abord ménagé. Après une sanglante bataille livrée entre Lyon et Trévoux en 197, Albinus vaincu se tua lui-même; ses partisans furent égorgés, et Septime Sévère resta seul maître de l'empire.

> Au second siècle, on voit Épictète, Arrien,
> Suétone et Florus, Plutarque et Galien.
> Cette foi que le Christ vint apporter au monde
> S'accroît sous les bourreaux, et le sang la féconde.

549. *Quels sont les hommes célèbres, dans les lettres et les sciences, qui appartiennent au second siècle?* Dans le IIe siècle florissaient parmi les Latins, *Pline* le jeune, dont nous avons déjà parlé; *Suétone*, biographe des douze premiers Césars; *Florus*, excellent abréviateur; parmi les Grecs, *Plutarque*, historien et philosophe; *Épictète*, philosophe stoïcien; *Arrien* son disciple, historien d'Alexandre; *Pausanias*, auteur d'un voyage historique en Grèce; *Lucien*, polygraphe; le célèbre médecin *Galien*; et *Ptolémée*, né à Péluse, en Égypte, géographe et astronome, auteur d'un système du monde dans lequel la terre est au centre de l'univers.

550. *Quels progrès fit la religion chrétienne pendant le IIe siècle?* Pendant le IIe siècle, la religion chrétienne se répandit avec une prodigieuse rapidité. Encore à sa naissance et sans cesse persécutée, l'Église comptait de nombreux disciples dans toutes les parties de l'empire et même dans des pays où les armes romaines n'avaient jamais pénétré. « Le sang des martyrs était comme une semence de chrétiens. »

SYNCHRONISMES. IIe SIÈCLE APRÈS J.-C — 106. *Troisième persécution sous Trajan.*—150. *Saint Justin présente à l'empereur Antonin la première de ses deux apologies.*—162. *Quatrième persécution sous Marc Aurèle.* — 166. *Martyre de saint Polycarpe, évêque de Smyrne.* — 177. *La persécution un moment suspendue, recommence avec fureur dans la Gaule, et surtout à Lyon. Martyre de saint Pothin, évêque de Lyon.* — 179. *Martyre de saint Symphorien à Autun.* — 193. *Saint Victor, quatorzième pape, fixe la fête de Pâques au dimanche qui suit le quatorzième jour de la lune de mars.*

[Troisième siècle après J.-C. — 201 à 300.]

551. *Quelle expédition fit Septime Sévère ?* Septime Sévère, pour donner de l'occupation aux légions, entreprit en 208 une expédition dans la Bretagne où il étendit les limites de l'empire romain au-delà du mur d'Adrien; il releva les fortifications d'Agricola, en construisant une muraille à l'endroit le plus étroit de l'île. Cette nouvelle frontière ne fut pas longtemps respectée. Sous le règne du fils de Sévère, les peuples d'Écosse, guidés par Fingal, reprirent le pays compris entre les deux murs, et celui d'Adrien devint de nouveau la limite de l'empire.

552. *Où mourut Septime Sévère?* Sévère, habile guerrier, mais prince dur et cruel, mourut à Éboracum (York) l'an 211. Sentant approcher sa mort, il s'écria : *J'ai été tout, et tout n'est rien.*

10.

§ II. — Caracalla, Macrin, Héliogabale.

Au trône impérial parvint Caracalla ;
Son frère le gênait, bientôt il l'immola.
Après lui vient Macrin, puis Héliogabale,
Et Rome dégradée eut son Sardanapale.

553. *Quel crime horrible commit Caracalla ?*
Caracalla, fils et successeur de Septime Sévère, l'an
211, pour n'avoir point à partager l'empire avec
son frère Géta, eut la scélératesse de le poignar-
der dans les bras de Julia Domna leur mère,
où ce jeune prince s'était jeté. Il fit mettre Géta
au rang des dieux, et dit en plaisantant : « Qu'il
soit dieu, pourvu qu'il ne soit pas vivant. »

554. *Quel jugement peut-on porter sur Caracalla et d'où lui venait son nom ?* Cet empereur
n'eut d'humain que la figure ; son règne rappelle
tout à la fois ceux de Tibère, de Caligula et de
Néron, et ne fut qu'un tissu d'infamies et d'hor-
reurs. Ce nom de Caracalla est un sobriquet qui
lui fut donné, parce qu'il se plaisait à porter et fit
porter aux Romains un vêtement gaulois de ce nom.

555. *Quelles autres cruautés commit Caracalla ?* Il immola tous ceux qu'il soupçonnait d'a-
voir été les amis de Géta, fit périr Papinien, célèbre jurisconsulte, qui refusa de lui composer une
apologie de son fratricide : « On ne justifie pas un
parricide aussi aisément qu'on le commet, » lui dit
cet homme vertueux, « et c'est un second parricide
que de diffamer un innocent après lui avoir ôté
la vie. » Enfin, pour satisfaire son avarice, il ordonna un massacre épouvantable des habitans
d'Alexandrie.

556. *Par quels moyens Caracalla chercha-t-il*

à se procurer de l'argent ? Caracalla ayant besoin d'argent pour enrichir ses soldats et acheter la paix des peuples voisins des frontières, donna à tous les habitans des provinces le droit de bourgeoisie afin de les assujettir à l'impôt du vingtième sur les héritages, impôt qu'il doubla bientôt, et il parcourut, pour les piller, les provinces du Danube et de l'Orient. Sa mère lui représentant qu'il ne lui restait plus aucun moyen de faire de l'argent : « Tant que j'aurai cet instrument, » lui dit-il, en portant la main à son épée, « l'argent ne me manquera pas.»

557. · *Quelle fut la fin tragique de Caracalla, et qui lui succéda ?* Pendant que Caracalla faisait la guerre aux Parthes, il fut assassiné l'an 217 par Macrin, préfet du prétoire, qui fut reconnu pour son successeur et qui termina -honteusement la guerre avec les Parthes, en achetant d'eux la paix.

558. *Combien de temps régna Macrin ?* Macrin, qui s'était associé son fils Diadumène, ne régna qu'un an et deux mois, et perdit la vie, ainsi que son fils, à la suite d'une émeute excitée par la réforme qu'il entreprit dans la discipline militaire.

559. *Quel fut son successeur ?* A Macrin succéda, en 218, un petit-fils de Julia Domna âgé de 14 ans, et nommé Bassien Héliogabale, que sa mère Sœmias présenta aux soldats comme un fils de Caracalla. Le surnom d'Héliogabale lui venait d'une divinité de ce nom dont il était le grand-prêtre à Émèse, en Syrie, et qu'on croit être le soleil.

560. *Quelle infamie Héliogabale a-t-il attachée à son nom et comment périt-il?* Par son luxe, sa mollesse, ses débauches et sa férocité, Héliogabale mérite d'être placé au premier rang de tant de princes infâmes que nous venons de voir souiller le trône des Césars. Comme s'il se fût

attendu à recevoir la mort, il avait fait d'avance une bonne provision de cordons de soie pour s'étrangler, d'épées à lames d'or pour s'égorger ; il avait encore fait construire une très haute tour dont le pied était pavé de pierres précieuses, afin que s'il était obligé de se précipiter, un sang aussi précieux que le sien ne coulât que sur le diamant et le rubis. Mais, après un règne de quatre ans, il fut massacré en 222, dans des latrines où il s'était réfugié; son corps fut traîné dans les rues de Rome, puis jeté dans le Tibre. Sa mort fut digne de sa vie.

561. *Comment Héliogabale joignit-il la cruauté à l'extravagance?* Il immola un grand nombre d'enfans à son dieu Héliogabale, qu'il forçait ses sujets à adorer sous la forme d'une pierre noire taillée en cône. Il se plaisait à inviter à sa table des gens de la lie du peuple; il les faisait asseoir sur de gros ballons d'air qui, se vidant tout à coup, précipitaient ces malheureux dans des fossés où ils étaient la proie des bêtes féroces.

562. *Jusqu'où Héliogabale poussa-t-il le mépris de toute bienséance?* Ce jeune débauché qu'on a surnommé le Sardanapale de Rome, établit sur le mont Quirinal un sénat de femmes où l'on décidait des modes sous la présidence de Sœmias, sa mère, à qui il avait donné le droit de prendre part aux délibérations du sénat

§ III. — Alexandre Sévère, les deux Gordiens, Philippe, Décius.

Alexandre Sévère, ainsi que Maximin;
Gordien et ses fils; Pupiénus, Balbin,
Philippe, ont subi tous une mort violente.
Les Goths passent l'Ister en l'an deux cent cinquante.

563. *Qui les soldats prétoriens élevèrent-ils à l'empire après le meurtre d'Héliogabale ?* Après la mort d'Héliogabale, les soldats prétoriens élurent empereur Alexandre Sévère, un des meilleurs princes qui aient gouverné l'empire ; il était fils de Mammée, sœur de Sœmias, et cousin, par conséquent, d'Héliogabale, et n'avait encore que quatorze ans lorsqu'il fut proclamé empereur. Il sembla que la vertu succédait sur le trône au vice le plus méprisable et le plus odieux. Ce prince fit graver en grosses lettres, dans plusieurs endroits de son palais, cette belle maxime des chrétiens qu'il prononçait souvent : « Ne faites pas aux autres ce que vous ne voulez pas qu'on vous fasse à vous-même. »

564. *Quelles sages mesures prit Alexandre Sévère ?* Dirigé par sa mère Mammée, Alexandre Sévère rendit au sénat de la considération, renvoya à Émèse le dieu Héliogabale, protégea les chrétiens, et entreprit une réforme dans les mœurs, l'administration, les finances et la discipline militaire. Il aurait relevé l'empire s'il eût vécu plus longtemps.

565. *Quelle classe d'hommes Alexandre traita-t-il avec rigueur ?* Alexandre n'eut aucune pitié pour ces hommes cupides qui, étant parvenus à obtenir la confiance des princes, en faisaient un déplorable abus, trafiquaient de leur crédit et exorquaient de l'argent, tantôt par l'espérance de grâces qu'on n'obtenait point, tantôt par la crainte de mauvais offices; on les appelait des *vendeurs de fumée*. Il en fit mourir un à la fumée épaisse d'un tas de bois humide, tandis que le crieur public répétait : « Celui qui a vendu de la fumée est puni par la fumée. »

566. *Quelle révolution arriva chez les Parthes pendant le règne d'Alexandre Sévère ?* Artaxercès, fils d'un Persan nommé Sassan et l'un des généraux d'Artaban IV roi des Parthes, ayant été banni après de longs services, excita une révolte contre son ancien maître, le battit dans trois combats, et ce prince ayant péri dans le dernier, vit finir en lui, l'an 226, la dynastie des Arsacides, qui avait donné aux Parthes trente-et-un rois. Artaxercès fonda le nouveau royaume de Perse ou royaume des Sassanides. Cette révolution devint pour Rome une source continuelle de guerres, parce que Artaxercès Ier et ses successeurs, comme descendant des anciens rois de Perse, élevèrent des prétentions sur toutes les provinces de l'Asie.

567. *Quelle fut la fin prématurée d'Alexandre Sévère ?* Comme Alexandre Sévère se portait en hâte sur le Rhin pour couvrir les frontières menacées par les Germains, des soldats irrités de la sévérité de la discipline et excités par Maximin l'égorgèrent dans sa propre tente l'an 234.

568. *Qui était ce Maximin ?* Ce Maximin que l'armée proclama empereur à la place d'Alexandre Sévère, était un berger thrace que sa valeur avait élevé aux premières dignités militaires; il était d'une taille colossale (les bracelets de sa femme lui servaient d'anneaux), d'une voracité proportionnée à sa stature et d'une force extraordinaire ; il pouvait terrasser seize hommes de suite à la lutte.

569. *Comment Maximin perdit-il le trône après un règne de trois ans?* Sa cruauté et son insatiable cupidité, qui n'épargnaient ni Rome ni les provinces, excitèrent à la fin contre lui un soulèvement général, par suite duquel Gordien, proconsul d'Afrique, âgé de quatre-vingts ans, fut malgré lui porté à l'empire, en 237. Le sénat confirma le choix du peuple et déclara Maximin et son fils ennemis publics.

570. *Quelle fut la fin malheureuse de Gordien?* Gordien et son fils, nommé aussi Gordien, qu'il avait associé à l'empire, ne régnaient tous deux que depuis six semaines, lorsque Capellius, gouverneur de Mauritanie et partisan de Maximin, attaqua et défit le jeune Gordien qui périt dans le combat. Le père, en apprenant la déroute et la mort de son fils, se tua de désespoir, l'an 238.

571. *Que fit le sénat après la mort des deux Gordien?* Le sénat proclama augustes Pupiénus et Balbin, et, conformément au vœu du peuple, il nomma encore césar le jeune Gordien, troisième du nom.

572. *Comment finit Maximin, et à qui resta le pouvoir?* Comme Maximin se portait sur Rome pour se venger du sénat et y mettre tout à feu et à sang, il fut, ainsi que son fils, massacré par ses propres soldats devant Aquilée, l'an 238. Le jeune Gordien resta seul empereur, après que ses collègues Pupiénus et Balbin eurent été massacrés par les soldats.

573. *Comment gouverna le jeune Gordien?* Conduit par les conseils du savant et vertueux Mi-

sithée dont il avait épousé la fille Sabina, le jeune
Gordien régna avec toute la sagesse d'un vieillard
fit des efforts pour rendre ses sujets heureux et
remporta une grande victoire sur Sapor, roi des
Perses, qu'il mit hors d'état de nuire aux Romains.

574. *Comment finit le jeune Gordien ?* Il fut assassiné l'an 244, par les ordres de Philippe, Arabe
de nation et préfet du prétoire, qui s'empara de
l'autorité et la partagea avec son fils, du même nom
que lui.

575. *Quelle fut la fin des deux Philippe ?* Le
vieux Philippe périt, l'an 249, près de Vérone, en
combattant Décius, qui, envoyé par lui dans la
Pannonie pour la pacifier, avait été forcé par les
soldats d'accepter l'empire. Le jeune Philippe fut
massacré à Rome par les prétoriens.

**576. *Quels redoutables ennemis Décius eut-il à
combattre ?*** Décius eut à combattre les Goths, peuple d'origine germanique, qui s'établirent sur les
bords du Danube et de la mer Noire, et y fondèrent une puissante monarchie qui s'étendait depuis la Theïs jusqu'au Don. Ils franchirent le Danube (anciennement appelé l'Ister), et firent pour
la première fois une irruption dans l'empire romain, sous le règne de Décius qui périt, ainsi que
son fils, en les combattant, l'an 251.

**577. *Quels maux Décius fit-il souffrir aux chré-
tiens ?*** Décius fut l'auteur de la septième persécution contre les chrétiens. Elle fut une des plus
cruelles à cause des tortures qu'on faisait subir
aux confesseurs de la foi : on ne les mettait pas
tout de suite à mort, mais on se plaisait à les faire
souffrir longtemps et diversement.

§ IV. — Gallus, Valérien, Gallien, Claude II.

A Dèce ont succédé Gallus, Valérien,
Que suit son fils, l'ingrat et lâche Gallien.
Claude deux, un moment, a relevé l'empire.

578. *Aux mains de qui passa le pouvoir pendant les deux années qui suivirent la mort de Décius?* Gallus fut proclamé empereur, en 251, par l'armée; il acheta la paix des Goths, et, après un règne de deux ans, il fut massacré avec son fils Volusien par les soldats, qui lui donnèrent pour successeur Emilien. Celui-ci fut à son tour massacré par ceux qui, trois mois auparavant, l'avaient placé sur le trône. Il eut pour successeur, en 253, Valérien dans lequel on crut voir le restaurateur de l'empire, et qui fut l'auteur de la huitième persécution contre les chrétiens.

579. *Comment Sapor, roi des Perses, traita-t-il Valérien?* Sapor, roi des Perses, après avoir vaincu Valérien, en 259, le retint sept ans prisonnier, et se servait, dit-on, de lui comme d'un marche-pied pour monter à cheval; après sa mort, il le fit écorcher, et fit suspendre sa peau dans un temple comme un monument de honte pour les Romains.

580. *Comment Gallien, fils de Valérien, montra-t-il son ingratitude et sa lâcheté?* Gallien fils de Valérien qui l'avait associé à l'empire, au lieu d'aller délivrer son père et venger l'empire, resta à Rome, plongé dans la mollesse et la volupté.

581. *Quels désastres l'empire romain éprouva-t-il sous le règne de l'empereur Gallien?* Sous le règne de Gallien, l'empire romain fut sur le point de se dissoudre en une multitude d'états séparés,

et même de devenir la proie des Barbares. Les Germains poussèrent leurs excursions jusqu'à Ravenne ; les Francs, ligue de peuples germains qui habitaient le long du Rhin, ravagèrent les Gaules ; les Goths inquiétèrent les provinces de Grèce et d'Asie; les Marcomans envahirent la Pannonie; les Perses, la Syrie; pendant que les lieutenans, dans la plupart des provinces, se déclaraient indépendans d'un prince qu'ils méprisaient. Cette anarchie militaire fit porter le nom de césars à trente tyrans.

582. *Quel nouvel état vit-on s'élever en Asie du temps de Gallien ?* Du temps de Gallien on vit s'élever en Asie le royaume de Palmyre fondé par le chef d'une tribu d'Arabes, nommé Odenat, qui, secondé par les conseils et le courage de sa femme Zénobie, se créa une puissante armée, prit la dignité royale, embrassa le parti des Romains, et remporta de grands avantages sur Sapor. Il fut nommé césar par Gallien, mais au milieu de ses succès il périt victime d'une conspiration tramée contre lui par son neveu. Sa veuve Zénobie prit les rênes de l'état.

583. *Comment finit Gallien ?* Gallien fut assassiné en 268, par ses propres officiers devant Milan, où il tenait assiégé l'usurpateur Auréolus.

584. *Comment gouverna Claude II ?* Claude II, prince habile que Gallien avait désigné pour son successeur, raffermit l'empire ébranlé. Il fit prisonnier Auréolus que les troupes mirent à mort, repoussa les Allemands, et remporta, près de Nissa, une grande victoire sur les Goths qui avaient fait une irruption dans la Mœsie. Il mourut de la peste à Sirmium, l'an 270, au milieu de son armée.

§ V. — Aurélien.

Le brave Aurélien a renversé Palmyre.

585. *Quel fut le successeur de Claude II?* Le successeur de Claude II fut Aurélien, l'un des plus grands capitaines de son siècle, choisi par l'armée de Thrace au préjudice de Quintillus, frère de Claude, que le sénat avait proclamé auguste, et qui, informé du choix de l'armée, prévint une guerre civile en se donnant la mort.

586. *Quels furent, en Occident, les exploits d'Aurélien?* Aurélien chassa les Goths et les Allemands, qui s'étaient avancés jusqu'en Ombrie, et soumit la Gaule, la Bretagne et l'Espagne, qui, depuis Gallien, avaient des maîtres indépendans et se trouvaient alors sous la domination de Tétricus.

587. *Pourquoi Aurélien fit-il la guerre à Zénobie?* Aurélien fit la guerre à Zénobie, reine de Palmyre, parce que cette reine, dont l'habileté et le courage égalaient l'ambition, voulait rester indépendante des Romains, et s'était emparée de la Syrie, de l'Égypte et d'une partie de l'Asie-Mineure.

588. *Comment se termina la guerre entre Aurélien et Zénobie?* Zénobie, après s'être vaillamment défendue, fut prise enfin et servit d'ornement au triomphe d'Aurélien, qui la laissa vivre honorablement à Rome; mais il fit mourir le célèbre rhéteur Longin, qui avait conseillé à Zénobie de résister aux Romains. Les Palmyriens, ayant massacré la garnison laissée dans leurs murs, furent tous passés au fil de l'épée, et leur ville fut détruite.

589. *Comment finit Aurélien?* Aurélien, auteur

de la neuvième persécution contre les chrétiens, marchait contre les Perses, lorsque Mnesthée, son secrétaire, accusé de concussion, pour échapper au châtiment dont son maître l'avait menacé, le fit assassiner près de Byzance, l'an 275. L'armée, furieuse contre ce traître, le livra aux bêtes féroces.

590. *Que peut-on reprocher à Aurélien comme souverain ?* On peut reprocher à Aurélien d'avoir cherché à gagner le peuple par des largesses. Aux distributions de blé dont on s'était contenté jusqu'alors, Aurélien en ajouta de pain et de vêtemens ; il y aurait ajouté du vin si on ne lui eût dit spirituellement qu'il faudrait y joindre de la volaille.

---

§ VI. — Tacite, Florien, Probus, Carus, Carin, Numérien.

Rome sans empereur restait depuis six mois,
Lorsqu'enfin le sénat de Tacite a fait choix.
Probus par ses vertus de son nom était digne;
C'est lui qui dans la Gaule a transplanté la vigne.
Par Carus et ses fils, entr'eux si différens,
L'empire est gouverné pendant très peu de temps.

591. *Qu'arriva-t-il après la mort d'Aurélien ?* Aurélien mort, il y eut un interrègne d'une demi-année après lequel le sénat, cédant aux prières réitérées de l'armée, prit sur lui de disposer du trône. Il y appela Tacite, vieillard vénérable, qui ne régna que six mois et mourut dans une campagne contre les Goths. Il se glorifiait de descendre du célèbre historien dont il portait le nom.

592. *Citez un mot remarquable de Tacite.* Quand il apprit que les sénateurs lui avaient refusé le consulat pour son fils, loin de s'en plaindre,

dre, il dit d'un air de satisfaction : « Ils connaissent l'empereur qu'ils ont choisi. »

593. *Quel successeur donna-t-on à Tacite?* Après la mort de Tacite, Florien son frère, fut reconnu en 276 à Rome, tandis que Probus, dont le nom peignait très bien le caractère, était proclamé empereur par l'armée de Syrie. Au bout de deux mois, le premier ayant été massacré par ses propres soldats, le second fut sans opposition maître de l'empire. Il dit aux soldats qui le proclamaient : « Pensez-y bien, vous serez mécontens de votre choix; je ne sais pas vous flatter. »

594. *Quelle conduite tint l'empereur Probus?* Probus marcha sur les traces d'Aurélien, et comme lui, se montra formidable aux Barbares. Il refoula dans la Germanie les Francs, qui cherchaient à s'établir dans les Gaules; il fonda un grand nombre de villes qu'il peupla de prisonniers de guerre, intimida les Goths et les Perses; et, renonçant au projet de réduire en province la Germanie, il en ferma la frontière par une muraille qui s'étendait depuis le Danube, près de Ratisbonne, jusqu'au Rhin.

595. *Que fit Probus pour empêcher l'oisiveté séditieuse des camps?* Il occupa les soldats pendant la paix à des travaux publics; il leur fit creuser des canaux, réparer des routes, planter des vignes en Pannonie, en Espagne et dans les Gaules, et dessécher les marais de Sirmium.

596. *Combien de temps régna l'empereur Probus, et quel fut son successeur?* Probus ne régna que six ans. Les soldats, mécontens de la discipline sévère à laquelle il les avait soumis, le massacrèrent en 282, et proclamèrent auguste le préfet du prétoire Carus, qui nomma césars ses deux fils, Carin et Numérien.

597. *En quoi différaient les deux fils de Carus?* Carin, souillé de tous les vices, était l'un des hommes les plus décriés; Numérien joignait à sa bonté naturelle un esprit cultivé par l'étude; il se fit estimer comme orateur et comme poëte.

598. *Comment périrent Carus et son fils Numérien?* Carus, après avoir battu les Goths, marcha contre les Perses et périt au milieu de ses succès, frappé, dit-on, par un coup de foudre. Il n'avait régné que sept mois. Numérien, qui avait suivi son père en Orient, pleura sa mort jusqu'à en perdre la vue, et fut assassiné par son beau-père Aper.

TROISIÈME PARTIE.

EMPIRE MONARCHIQUE.

(284-395 après J.-C. Espace de 111 ans.)

---

§ I. — Dioclétien, Maximien, Constance Chlore, Galère.

De Dioclétien l'inquiète prudence
Associe au pouvoir Maximien, Constance,
Galère, qui, vainqueur du roi persan Narsès,
Veut en vain de l'Église arrêter les progrès.

599. *Comment Dioclétien parvint-il à l'empire?* Dioclétien, proclamé auguste par les soldats à Chalcédoine, en 284, vengea la mort de Numérien en tuant le perfide Aper, dont le nom signifie *san-*

glier, et crut ainsi avoir accompli l'oracle qui lui avait prédit qu'il deviendrait empereur quand il aurait tué un sanglier. Carin, qui, maître de Rome, y avait renouvelé les infamies de Caligula et d'Héliogabale, soutint avec vigueur ses droits contre Dioclétien, marcha contre lui, le vainquit en Mœsie, mais fut assassiné par ses soldats. C'est ainsi que Dioclétien resta sans opposition maître de l'empire.

600. *En quoi l'avénement de Dioclétien est-il remarquable?* Avec cet empereur une nouvelle période commença dans l'histoire romaine. A la période du despotisme militaire, succéda celle des partages de l'empire. Le pouvoir prit une nouvelle forme : jusque-là les empereurs se mêlaient avec le peuple, et ne se distinguaient des sénateurs que par un manteau de pourpre. Dioclétien ceignit le diadème, introduisit dans sa cour la pompe de l'Orient, et mit un intervalle immense entre lui et ses concitoyens, dont il fit des sujets. Le sénat perdit toute influence, et les vieilles institutions qui rappelaient la république furent anéanties.

601. *Qui Dioclétien associa-t-il à l'empire?* Dioclétien associa à l'empire son compagnon d'armes Maximien, surnommé Hercule, guerrier d'un caractère dur et sauvage, qui combattait sur les bords du Rhin contre les Allemands et les Bourguignons, tandis que Dioclétien, en Asie, tenait tête aux Perses. Mais les deux augustes, ne se croyant pas assez forts pour résister aux Barbares qui s'avançaient de tous côtés, s'adjoignirent chacun un associé sous le titre de césar; Dioclétien choisit Galère, surnommé *Armentarius* (1), parce

______

(1) *Armentum,* troupeau de gros bétail.

qu'il avait été berger, et Maximien choisit **Constance Chlore** (1).

602. *Quel était le caractère de Galère?* Galère joignait à une soif insatiable du pouvoir les goûts les plus féroces; il aimait à voir pendant ses repas, des ours dévorer des hommes; il avait contre les chrétiens une haine implacable, que lui avait inspirée sa mère, paysanne grossière et superstitieuse.

603. *Comment ces quatre chefs se partagèrent-ils l'administration de l'empire?* Dioclétien obtint les provinces orientales; Galère, la Thrace et les pays le long du Danube; Maximien, l'Italie et l'Afrique; et Constance, la Gaule, l'Espagne et la Bretagne.

604. *Comment les deux augustes et les deux césars relevèrent-ils l'honneur de l'empire?* Constance Chlore reprit la Batavie sur les Francs, et réunit pour la seconde fois la Bretagne à l'empire romain; Dioclétien recouvra l'Egypte, où le rebelle Achillée régnait depuis cinq ans; Maximien défit un usurpateur nommé Julien, qui avait pris le titre impérial et s'était fortifié dans les montagnes de la Ligurie; puis portant ses armes dans la province d'Afrique, il la délivra des Maures qui l'avaient envahie, et Galère défendit avec succès contre les Barbares les frontières du Danube.

605. *Quels furent les succès divers des deux expéditions de Galère en Perse?* Galère fut d'abord vaincu en Perse l'an 296, dans les mêmes plaines où l'avait été Crassus. Le mépris que lui témoigna Dioclétien l'enflamma du désir de réparer

---

(1) Ainsi nommé à cause de sa pâleur; du grec : *chlóros*, pâle.

sa défaite, il revint l'année suivante fondre sur les Perses, les vainquit, et prit leur roi Narsès avec sa femme et ses enfans. Par suite de cette victoire, les bornes de l'empire furent portées jusqu'au Tigre.

606. *En quoi la victoire de Galère sur les Perses fut-elle remarquable?* La victoire de Galère sur les Perses fut l'occasion du dernier triomphe que vit Rome; Dioclétien et Maximien, comme augustes, en eurent seuls les honneurs.

607. *Quels progrès la religion chrétienne avait-elle déjà faits à la fin du iii*e *siècle?* Tandis que les Barbares s'acheminaient de tous côtés contre l'empire, que le trône des Césars était souvent occupé par des monstres vêtus de pourpre, que l'ancienne société romaine et le paganisme croulaient de toutes parts, la religion chrétienne, toujours fécondée par le sang de ses innombrables martyrs, se propageait dans toutes les provinces; elle n'était plus professée seulement par les petits et les simples, elle avait pénétré dans toutes les conditions et avait pour apologistes des hommes de génie, un Origène, un Tertullien. « Nous ne sommes que d'hier, s'écriait celui-ci, et nous remplissons vos cités, vos colonies, l'armée, le palais, le sénat, le forum, nous ne vous laissons que vos temples. » Les papes se succédaient sans interruption dans la chaire fondée par saint Pierre; les conciles se multipliaient, soit pour régler la discipline et les mœurs, soit pour combattre l'hérésie. C'est en vain que Dioclétien, pour anéantir la religion nouvelle, faisait abattre ses églises naissantes, rechercher partout et brûler ses livres sacrés, le christianisme allait régénérer, dominer le monde et étendre ses conquêtes parmi les conquérans mêmes de Rome.

608. *Quel fut l'état des lettres pendant le troisième siècle?*
11.

Pendant le iiie siècle, la littérature latine tomba dans une décadence totale, mais les lois eurent dans le jurisconsulte *Ulpien* un interprète illustre. Parmi ceux qui cultivèrent les lettres grecques, on cite *Dion Cassius*, auteur d'une histoire romaine; *Diogène Laerce*, biographe des anciens philosophes; *Elien*, polygraphe; et *Longin*, rhéteur célèbre né à Athènes, auteur d'un traité du Sublime qui nous est parvenu. *Tertullien*, prêtre de Carthage, *Clément d'Alexandrie*, philosophe platonicien, et *Origène*, son disciple, défendirent l'Église par leurs écrits.

609. *Qui était Ossian?* Ossian était un barde écossais qui florissait dans le iiie siècle, et dont les poésies ont été recueillies dans le dernier siècle par Macpherson : elles sont un précieux monument des croyances des anciens Calédoniens, qui regardaient les nuages comme le séjour des âmes après le trépas, et qui croyaient entendre dans les rafales des vents, la voix des guerriers morts au milieu des combats.

Synchronismes. iiie siècle. après j.-c. — 202. Cinquième persécution sous Septime Sévère. Martyre de saint Irénée. — 237. Sixième persécution sous Maximin. — 249. Saint Cyprien, évêque de Carthage. — 250. Septième persécution sous Dèce. — 251. Saint Paul, premier ermite. — 257. Huitième persécution sous Valérien. Martyre de saint Denys, premier évêque de Paris. — 258. Martyre de saint Laurent. — 274. Mort de Manès, fondateur de la secte des Manichéens. — 275. Neuvième persécution sous Aurélien. — 286. Martyre de saint Maurice, chef de la légion thébaine

[Quatrième siècle après J.-C. De 301 à la mort de Théodose en 395.]

610. *Que fit Galère pour déterminer Dioclétien, naturellement modéré, à persécuter les chrétiens?*

Galère après avoir insisté longtemps inutilement pour arracher de Dioclétien un édit de persécution, l'y détermina enfin en mettant deux fois le feu au palais impérial de Nicomédie, et en en accusant les chrétiens; il feignit de se sauver « pour mettre sa vie en sûreté, disait-il, et éviter d'être brûlé par cette race ennemie des dieux et des empereurs. » Dioclétien, effrayé, signa en 303 l'édit d'une persécution, qui fut la plus longue et la plus cruelle que l'Eglise eût encore éprouvée.

611. *Dioclétien et Maximien ne rentrèrent-ils pas dans la vie privée?* Dioclétien et Maximien furent contraints par Galère en 305 à abdiquer l'empire; Dioclétien se retira dans le magnifique palais qu'il avait bâti à Salone, sa patrie : plus heureux de cultiver ses laitues que de gouverner le monde. Maximien Hercule habita la Lucanie. Dioclétien répondit à ses amis qui, de loin, l'exhortaient à reprendre le pouvoir; « Plût aux Dieux que vous pussiez voir les légumes que je cultive de mes mains à Salone! vous ne me parleriez jamais de remonter sur le trône. »

612. *Par qui furent remplacés les empereurs Dioclétien et Maximien?* Après leur retraite, les deux empereurs Dioclétien et Maximien furent remplacés, en 305, par les deux césars Constance Chlore et Galère, qui furent proclamés augustes. Le premier se contenta de la Bretagne et des Gaules, le second obtint le reste de l'empire. Autant Constance se fit aimer des peuples par sa douceur et son désintéressement, autant Galère se fit détester par sa cruauté et ses exactions.

613. *Quels princes Galère s'associa-t-il?* Galère créa césars deux enfans de ses sœurs, savoir : Sévère, à qui il donna le gouvernement de l'Italie et

de l'Afrique, et Maximin, à qui il donna celui des provinces d'Asie.

614. *Où mourut Constance Chlore?* Constance Chlore mourut en 306 à Eboracum (York), laissant héritier de ses domaines son fils Constantin, qui fut aussitôt proclamé auguste par les légions, mais que Galère ne voulut reconnaître que comme césar.

615. *Quel trait de modestie rapporte-t-on de Constance Chlore?* Cet empereur, qui fit bénir son administration toute paternelle par les peuples qu'il gouvernait, ne se servait que de vaisselle de terre dans ses repas de famille, et empruntait de la vaisselle d'argent pour les jours où il mangeait en public.

616. *Quelle réponse fit-il à des envoyés de Dioclétien?* Des envoyés de Dioclétien avaient reproché à Constance Chlore sa parcimonie. Il fit entendre à ses sujets qu'il avait besoin d'argent, et ayant reçu d'eux sur-le-champ des sommes considérables, il les montra aux envoyés en leur disant : « Dites à Dioclétien qu'un prince ne manque jamais de rien quand il a le cœur de ses sujets. »

617. *Comment Maximien Hercule revint-il au pouvoir?* Maxence fils de Maximien Hercule, profitant de la haine que Sévère avait inspirée aux Italiens par sa tyrannie, se fit donner à Rome le titre d'auguste, et associa à sa puissance son père Maximien, qui sortit avec joie d'une retraite où il n'était entré que malgré lui, en sorte qu'il y eut alors six compétiteurs à la fois, savoir : Galère, Constantin, Sévère, Maximin, et les usurpateurs Maxence et Maximien, son père.

618. *Quelle fut la fin de Sévere, et par qui fut-il remplacé?* Sévère ayant voulu faire la guerre à

Maxence, fut abandonné de ses soldats et se rendit à Maximien qui le fit mettre à mort. Galère nomma Licinius auguste à sa place, et en même temps Maximin se fit donner le même titre par son armée en Asie.

---

§ II. — Constantin le Grand.

L'an trois cent douze meurt l'usurpateur Maxence,
Constantin garde seul la suprême puissance,
Se fait le défenseur de la religion ;
Il rebâtit Byzance et lui donne son nom.

619. *Quel sort éprouvèrent les cinq princes qui partageaient ou voulaient partager l'empire avec Constantin ?*

1° *Maximien*, perfide envers son fils et envers Constantin, qui avait épousé sa fille Fausta, fut mis à mort l'an 309, par l'ordre de son gendre, qu'il avait cherché à tuer lui-même ;

2° *Galère* mourut en 311 des suites de ses débauches, après une année d'une affreuse maladie : les vers le rongèrent vivant ; la main de Dieu s'était appesantie sur lui pour le punir de ses crimes. Il le reconnut et révoqua les édits sanguinaires qu'il avait publiés contre les chrétiens ;

3° *Maxence*, défait par Constantin aux portes de Rome, se noya dans le Tibre, l'an 312; ce fut alors que Constantin, reçu comme un libérateur dans Rome, adopta publiquement le christianisme ;

4° *Maximin*, battu par Licinius, près d'Andrinople, en 313, se tua lui-même ;

5° *Licinius*, en persécutant les chrétiens, s'attira la haine de Constantin qui les protégeait. Les deux augustes prirent les armes l'un contre l'autre. Licinius fut vaincu dans une bataille décisive, l'an 323, et mis à mort l'année suivante par l'ordre de Constantin, qui resta ainsi seul maître de l'empire.

620. *Comment s'était opérée la conversion de Constantin?* Constantin, dont le père avait déjà favorablement traité les chrétiens, cultiva leur amitié; et tandis qu'il assiégeait Maxence dans Rome, on rapporte qu'une croix lumineuse parut dans le ciel, avec cette inscription : « *In hoc signo vinces*, C'EST PAR CE SIGNE QUE TU VAINCRAS. » Il crut voir dans cette apparition miraculeuse un présage de sa victoire, et promit à Hélène, sa mère, de se convertir : en effet, il embrassa le christianisme avec éclat, immédiatement après avoir vaincu Maxence, et substitua à l'ancien étendard de l'empire un nouveau *labarum*, surmonté d'une croix et du monogramme grec du Christ ☧ (chr) et en latin J. Ĥ S. Ce dernier signifie : *Jésus, sauveur des hommes par la croix.*

621. *Comment Constantin montra-t-il son zèle pour la religion qu'il venait d'embrasser?* Constantin s'appliqua à ruiner le paganisme, mais sans employer la violence; il fit rentrer les chrétiens dans la possession des biens qu'on leur avait enlevés durant les persécutions, transporta au clergé toutes les immunités dont jouissaient auparavant les pontifes païens; sous sa protection, s'assembla à Nicée, en Bithynie, *le premier concile œcuménique* ou *général,* où fut condamné le prêtre Arius qui niait la divinité de Jésus-Christ.

622. *Comment le repos domestique de Constantin fut-il troublé?* Fausta, femme de Constantin, dans l'espoir d'assurer la grandeur de ses enfans, médita la perte de Crispus, fils de Constantin et de

Minervine, sa première femme. Cette marâtre accusa son beau-fils d'avoir conçu pour elle une passion coupable. Constantin ordonna le supplice de son fils dont il reconnut ensuite l'innocence, et dont il vengea la mort en faisant étouffer Fausta dans un bain chaud.

623. *Pourquoi Constantin songea-t-il à porter ailleurs qu'à Rome le siége du gouvernement ?* Constantin se détermina à fonder une autre capitale en Orient, parce que l'insolence des habitans de Rome, leurs anciens souvenirs, leur idolâtrie obstinée étaient un obstacle à la révolution qu'il voulait accomplir dans les mœurs et le gouvernement, et aussi parce qu'il sentait la nécessité de protéger contre les Goths et les Perses les frontières de l'Orient, qui étaient les plus faibles.

624. *Où Constantin transféra-t-il le siége de l'empire ?* L'an 329, Constantin transporta le siége de l'empire à Byzance, ville située sur le Bosphore de Thrace, entre l'Europe et l'Asie. Elle avait été presque ruinée par l'empereur Septime Sévère; Constantin la rebâtit, l'agrandit, la décora de superbes monumens, en fit la rivale de Rome et lui donna son nom, qu'elle conserve encore aujourd'hui.

625. *Quels furent les résultats du changement de résidence de la cour impériale ?* La nouvelle capitale devint le centre du commerce et attira vers l'Orient la principale force militaire de l'empire : Rome, au contraire, perdit son éclat, et l'Italie, tombée dans l'abaissement, ne put résister, dans le siècle suivant, à l'invasion des barbares.

626. *Quel changement Constantin introduisit-il dans la forme du gouvernement ?* Constantin établit une hiérarchie dans les diverses dignités de l'état ; tout dépendit de lui, ses édits étaient les lois, les magistrats ses officiers ; il abolit les prétoriens, substitua au despotisme militaire le despotisme de la cour, et partagea l'empire en quatre préfectures dont chacune était gouvernée par un préfet du prétoire, qui n'était plus qu'un gouverneur civil. Rome et Constantinople, qui n'étaient sous aucun des quatre préfets, avaient chacune un préfet de la ville.

627. *Quand mourut Constantin, et quel jugement peut-on porter sur lui ?* Constantin, qui par ses talens politiques et militaires a mérité le surnom de *Grand,* mourut à Nicomédie l'an 337, après avoir reçu le baptême. Il maintint l'ordre dans l'empire, inspira une grande terreur aux barbares, et rendit un immense service à l'humanité en favorisant l'établissement du christianisme ; mais il ternit sa gloire par des actes de perfidie et de cruauté.

———

§ III. — Successeurs de Constantin jusqu'à Théodose.

> Ses trois fils portent mal le fardeau de l'empire.
> Contre la foi du Christ c'est en vain que conspire
> Julien l'apostat, sectateur des faux dieux.
> En Perse Jovien signe un traité honteux.
> A Valentinien, vertueux mais colère,
> L'Occident obéit, lorsque Valens, son frere,
> Fanatique arien, gouverne l'Orient.
> Les Huns passent le Don.

628. *Quel massacre suivit la mort de Constantin, et comment l'empire fut-il partagé ?* La mort de Constantin fut suivie d'un massacre dans lequel

périrent son frère Jules Constance et tous ses neveux, à l'exception des deux fils de Jules Constance, Julien et Gallus. Les trois fils de Constantin le Grand, Constantin II, Constant et Constance se partagèrent l'empire : Constantin II eut la Grande-Bretagne, la Gaule et l'Espagne ; Constant, l'Italie, l'Afrique et l'Illyrie ; Constance régna en Orient.

629. *Que devinrent Constantin II et Constant?* Constantin II, mécontent de son partage, attaqua Constant en 340 et fut tué dans cette guerre, en sorte que Constant se trouva maître de tout l'Occident. Mais sous sa déplorable administration, un Romain ambitieux, nommé Magnence, se déclara empereur dans les Gaules, et Constant fut tué l'an 350, au moment où il allait prendre la fuite.

630. *Quel fut le résultat de la guerre qui éclata entre Magnence et Constance?* Magnence, battu une première fois près de Mursa, en Pannonie, l'an 351, se retira dans les Gaules ; défait une seconde fois près de Lyon, il massacra toute sa famille et se tua lui-même le dernier.

631. *Qui Constance associa-t-il à l'empire?* Constance, ne se sentant pas capable de soutenir seul le fardeau de l'empire, nomma césar son cousin Julien, dont il avait fait tuer le frère Gallus, et le chargea de défendre les frontières du Rhin.

632. *Quels furent les succès de Julien?* Quoique Julien eût passé tout à coup de l'étude paisible des lettres dans la carrière des armes, il se montra habile général, délivra la Gaule des Francs et des Allemands qui la ravageaient, et les poursuivit au-delà du Rhin.

633. *Comment Julien parvint-il à l'empire?* Constance, pressé par les Perses qui désiraient reconquérir les provinces qu'ils avaient cédées, et jaloux, d'ailleurs, des succès de Julien, voulut lui enlever une partie de ses troupes pour les faire passer en Orient. Julien semblait disposé à céder, mais ses soldats, excités ou non par lui, se mutinèrent et le proclamèrent auguste à Lutèce (Paris), où il passait ordinairement ses quartiers d'hiver. Comme il s'avançait contre Constance en suivant les bords du Danube, il reçut la nouvelle que ce prince était mort en Asie. Il se rendit à Constantinople et y fut reconnu empereur sans opposition, ainsi que dans tout le reste de l'empire, l'an 361.

634. *En quoi les règnes de Constance et de Julien furent-ils funestes à l'église?* Constance s'immisça sans cesse dans les affaires de l'Église, y porta le trouble et s'efforça de faire prévaloir l'arianisme; Julien abjura la religion chrétienne, tâcha de l'anéantir peu à peu, l'attaqua par les dérisions et la séduction, et rétablit les temples et les fêtes du paganisme. Son abjuration lui fit donner le surnom d'Apostat.

635. *Qu'y eut-il à louer et à blâmer dans la conduite et le caractère de Julien?* Julien réforma le luxe de sa cour et diminua les impôts; il joignit aux talens politiques et militaires un esprit cultivé, le goût des lettres et des mœurs austères; mais de si brillantes qualités furent obscurcies par sa vanité excessive et par son attachement aux superstitions païennes. Il fit éprouver aux chrétiens toutes sortes de vexations; il les priva par un édit de la faculté d'étudier et d'enseigner les belles lettres; ajoutant la raillerie à l'iniquité, il repoussait ceux qui imploraient sa protection en leur disant : « Tout chrétien est appelé à la souffrance. »

636. *Comment Julien se vengea-t-il des habi-*

tans d'Antioche ? Julien étant venu à Antioche, les habitans de cette ville tournèrent en ridicule son extérieur austère et sa longue barbe; il se moqua d'eux à son tour et dévoila leurs vices dans un ouvrage plaisant, qui nous est parvenu et qu'il intitula : *le Misopogon,* c'est-à-dire l'ennemi de la barbe.

637. *Quelle vaine entreprise forma Julien?* Julien pour confondre une prophétie sur laquelle les chrétiens s'appuyaient, voulut faire rebâtir le temple de Jérusalem; mais des globes de feu, s'élevant de la terre, brûlèrent les ouvriers et rendirent à plusieurs reprises le lieu inaccessible (1).

638. *Quelle fut la fin de Julien?* Ayant voulu terminer la guerre contre les Perses, Julien pénétra jusqu'aux bords du Tigre, et mortellement blessé dans un combat il expira la nuit suivante, en 363. Avec cet empereur s'éteignit la famille de Constantin, dans laquelle le christianisme trouva son plus généreux protecteur et son plus cruel ennemi.

639. *Qui régnait alors en Perse ?* Tandis que Julien gouvernait l'empire, la Perse avait pour roi Sapor II, célèbre par sa cruauté envers les chrétiens et par les victoires qu'il remporta sur les Romains, et qui furent une des causes de la décadence de l'empire. Il fut reconnu roi avant de naître, régna plus de soixante-dix ans et mourut l'an 380.

640. *Qui succéda à Julien?* Julien l'Apostat eut pour successeur Jovien, qui ne voulut accepter

----

(1) Ce fait est attesté par saint Grégoire de Nazianze, par Rufin, par l'historien Ammien Marcellin qui n'était pas chrétien, et par les rabbins juifs dans leurs annales.

l'empire qu'à condition que ses sujets demeureraient chrétiens; il mourut au bout de huit mois, après avoir cassé les édits de Julien, favorables au paganisme, et après avoir conclu avec les Perses une paix nécessaire, mais peu honorable.

641. *Quel fut le successeur de Jovien?* L'armée, qui se trouvait à Nicée, donna le titre d'auguste à Valentinien, prince vertueux, mais d'une excessive sévérité. Il associa à l'empire son frère Valens, lui donna l'Orient et garda pour lui-même l'Occident.

642. *Quelles guerres remplirent le règne de Valentinien?* Le règne de Valentinien fut une lutte continuelle contre les peuples germaniques, qui s'étaient relevés des défaites qu'ils avaient éprouvées sous Julien.

643. *Comment le vice de la colère auquel Valentinien était sujet lui fut-il fatal?* Voyant arriver vers lui les ambassadeurs des Quades en habits déchirés pour lui demander la paix, Valentinien prit leur démarche pour une insulte, entra dans une si grande fureur, et parla avec tant d'emportement qu'il se rompit une veine. Il mourut quelques heures après, en 375.

644. *Quels faits signalèrent le règne de Valens?* Pendant que Valentinien défendait en Occident les frontières de l'empire, Valens, en Orient, apaisait une grande révolte excitée contre lui par Procope, il terminait par une trève la guerre avec les Perses, laissait ses ministres exercer une odieuse tyrannie, et, fougueux sectateur de l'arianisme, il persécutait avec acharnement la foi orthodoxe.

645. *Quel peuple barbare envahit l'Europe pendant le règne de Valens?* Les Huns, peuple no-

made de l'Asie, entrèrent en Europe vers l'an 376.
Ainsi commença cette grande migration de peuples qui amena la ruine de l'empire romain en Occident.

646. *Quels furent les premiers résultats de l'entrée des Huns en Europe?* Les Huns attaquèrent les Goths qui habitaient depuis le Don jusqu'à la Théiss : ceux-ci se partageaient en Ostrogoths et en Visigoths, séparés par le Dniéper. Les Ostrogoths se soumirent aux Huns, les Visigoths supplièrent l'empereur Valens de leur permettre de s'établir dans la Thrace. Ils furent, avec les Vandales, qui, dès le temps de Constantin, s'étaient établis dans la Pannonie, les premiers peuples barbares qui se fixèrent sur les terres de l'empire.

647. *Jusqu'où allèrent la cruauté et la superstition de l'empereur Valens?* Valens fit mourir tous ceux dont le nom commencerait par *Théod*, parce qu'un magicien lui avait prédit que son sceptre tomberait entre les mains d'un homme dont le nom commencerait ainsi. Théodose, père de Théodose le Grand, fut une de ses victimes.

648. *Comment finit l'empereur Valens?* Les vexations des gouverneurs romains ayant poussé les Visigoths à la révolte, Valens marcha contre eux, l'an 378, et essuya près d'Andrinople une défaite, après laquelle il se réfugia dans une chaumière où les vainqueurs mirent le feu.

649. *Qui succéda en Occident à Valentinien?* Valentinien eut pour successeur en Occident son fils Gratien, que la mort de son oncle Valens rendit maître de tout l'empire.

§ **IV**. — Théodose le Grand.

Théodose le Grand
De deux usurpateurs sait abaisser l'audace,
Soumet au joug les Goths établis dans la Thrace,
Et, seize ans de l'empire arrêtant le déclin,
Fait d'un dernier éclat briller le nom romain.

650. *Qui Gratien associa-t-il à l'empire?* Gratien, voyant l'Orient menacé de devenir la proie des Goths, donna, l'an 379, le titre d'auguste à Théodose, Espagnol de naissance, homme brave, vertueux et éclairé.

651. *Quel fut la fin malheureuse de Gratien?* Comme Gratien voulait combattre Clément Maxime, qui s'était révolté contre lui, il fut abandonné de ses soldats sur le champ de bataille; obligé de fuir devant son ennemi, il fut atteint près de Lyon et assassiné, l'an 382.

652. *Que devint l'Occident après la mort de Gratien?* Valentinien II, jeune frère de Gratien, fut salué empereur par l'armée en Pannonie et eut la préfecture d'Italie. Maxime resta en possession de celle des Gaules; et, en promettant de ne point inquiéter Valentinien, il fit consentir Théodose à le reconnaître pour auguste; mais ayant manqué à son engagement et pénétré en Italie, il fut battu par Théodose, dans la Pannonie, fait prisonnier et exécuté quelque temps après : par là Valentinien jeune prince dont on concevait de grandes espérances, se trouva maître de tout l'Occident.

653. *Quelle fut la conduite du Gaulois Arbogaste envers Valentinien II?* Le gaulois Arbogaste, homme ambitieux à qui Valentinien avait retiré le commandement de l'armée, se révolta contre lui, et, profitant d'une sédition qui avait éclaté dans les Gaules, y proclama empereur Eugène, grammairien, à condition qu'il permettrait l'idolâtrie, puis il fit ensuite étrangler l'empereur Valentinien II, l'an 392.

654. *Comment Théodose vengea-t-il la mort de Valentinien?* Théodose, qui avait déjà vengé la mort de Gratien par celle de Maxime, attaqua le tyran Eugène, le vainquit près d'Aquilée et réduisit Arbogaste à se tuer lui-même. Théodose se vit ainsi seul maître de tout l'empire.

655. *Quelle sévère leçon Théodose reçut-il d'un saint évêque?* Saint Ambroise, archevêque de Milan, interdit, en 390, l'entrée de l'église à Théodose, parce que cet empereur, irrité contre les habitans de Thessalonique à cause d'une émeute qui avait éclaté dans leur ville, avait fait passer au fil de l'épée 7,000 d'entre eux, sans distinction d'innocens ou de coupables. Théodose, pour expier son crime, se soumit à une pénitence publique.

656. *Comment Théodose signala-t-il son règne?* Théodose, surnommé le Grand, retarda, par la vigueur de son administration, la dissolution de l'empire qui, jusqu'à sa mort, ne perdit pas une seule province; il abattit la puissance des Goths, fit trembler les Perses; et non moins occupé des intérêts de la religion que de ceux de l'état, il détruisit l'arianisme et l'idolâtrie, et rendit la domination à la foi catholique.

657. *Quel décret de Théodose le Grand le fit placer parmi les monarques qui ont fait le plus d'honneur à l'humanité?* Théodose le Grand publia ce décret trop peu suivi et qui est bien digne de sa grande âme : «si quelqu'un s'emporte jusqu'à

diffamer notre nom, notre gouvernement, notre
conduite, nous ne voulons pas qu'il soit sujet à la
peine portée par les lois; car, si c'est par légèreté
qu'il a mal parlé de nous, il faut le mépriser; si
c'est par une aveugle folie, il est digne de compassion; si c'est par malice, nous voulons bien lui par-
donner. »

658. *Comment l'empire fut-il définitivement
partagé?* Après la mort de Théodose, dernier
prince qui l'ait possédé en entier, l'empire romain
fut, en 395, définitivement partagé en empire d'O-
rient. dont le siége fut à Constantinople, et en empire d'Occident, dont le siége fut à Rome. L'empire
d'Orient comprenait en Asie tout ce qui obéissait
aux Romains; en Afrique, l'Egypte; en Europe, la
Thrace, la Dacie, la Macédoine et la Grèce; l'empire
d'Occident comprenait le reste de l'Europe soumis
aux Romains, et en Afrique la côte, de la grande
Syrte au détroit de Gadès.

659. *Quel fut l'état des lettres pendant le* ıv^e *siècle?* Les
lettres ne se relevèrent pas de la décadence où elles étaient
tombées. Parmi le petit nombre d'hommes qui les cultivèrent
avec quelque succès, on remarque l'historien Ammien Marcellin, le poëte Ausone, l'érudit Macrobe. Mais toutefois l'éloquence, depuis si longtemps bannie du Forum, brilla d'un
nouvel éclat dans la chaire sacrée. Saint Ambroise, saint Basile,
saint Grégoire de Naziance, saint Jean Chrysostôme, ne furent
pas seulement de pieux évêques, ils furent encore de grands
orateurs

Commencement de l'hérésie d'Arius. — 325. Concile œcuménique de Nicée contre les Ariens. Constantin abolit les gladiateurs. — 327. L'impératrice Hélène, mère de Constantin, retrouve la vraie croix. — 344. Persécution de Sapor. — 356. Mort de saint Antoine, instituteur de la vie monastique. — 363. Jovien fait fermer les temples des païens. — 373. Mort de saint Athanase, patriarche d'Alexandrie, père de l'Église grecque. — 375. Mort de saint Basile, surnommé le Grand, évêque de Césarée, père de l'Église grecque. — 381. Second concile général à Constantinople où fut condamné Macédonius qui niait la divinité du Saint-Esprit. — 333. Saint Jérôme, père de l'Église latine, fait la traduction latine de la Bible appelée la Vulgate. — 386. Saint Jean Chrysostôme, c'est-à-dire Bouche d'or, le plus éloquent des pères de l'Église grecque, est à l'âge de quarante-trois ans, ordonné prêtre par saint Flavien, évêque d'Antioche. — 389. Mort de saint Grégoire de Nazianze, père de l'Église grecque.

FIN.

TABLE
DES EMPEREURS ROMAINS.

Premier siècle avant J.-C.

45 César, *dictateur perpétuel, assassiné l'an-
  née suivante.* . . . . .

31 Auguste, *après la ba-
  taille d'Actium* . . . .

Premier siècle ap. J.-C.

14 Tibère. . . . .
37 Caligula . . . .
41 Claude. . . . .
54 Néron . . . .
68 Galba, 7 mois. . . . . .
69 Othon, 3 mois. . . . . .
— Vitellius, 8 mois . . .
— Vespasien . . . .
79 Titus. . . . .
81 Domitien. . . . .
96 Nerva.
98 Trajan.

Douze Césars.

Deuxième siècle.

117 Adrien.
138 Antonin.
161 Marc-Aurèle.
— Lucius Vérus.
180 Commode.
193 Helvius Pertinax, 3 mois.
— Didius Julianus, 2 mois.
— Septime Sévère.

Troisième siècle.

211 Caracalla.
217 Macrin et son fils.
218 Héliogabale.
222 Alexandre Sévère.

235 Maximin.
236 Gordien I. }
— Gordien II. } 2 mois.
238 Pupiénus et Balbin.
— Gordien III.
244 Philippe et son fils.
249 Décius et son fils.
251 Gallus et son fils.
253 Emilien, 3 mois.
— Valérien.
259 Gallien.
    Trente tyrans.
268 Claude II.
270 Aurélien.
275 Tacite, 7 m. et Florien 3 m.
276 Probus.
282 Carus.
— Carin.
— Numérien.
284 Dioclétien.
— Maximien Hercule.
    Grand nombre de tyrans.

Quatrième siècle.

305 Constance Chlore.
— Galère.
306 Constantin le Grand.
    { Constance.
337 { Constantin II.
    { Constant.
361 Julien l'Apostat.
364 Valentinien et Valens.
367 Gratien.
363 Jovien, 7 mois 20 jours.
375 Valentinien II.
379 Théodose le Grand.

TABLE ALPHABÉTIQUE

DE TOUS LES PERSONNAGES MENTIONNÉS DANS CE VOLUME

Nota. Les chiffres renvoient non aux pages, mais aux questions.

TABLE GÉOGRAPHIQUE

DES PAYS, PEUPLES, VILLES, FLEUVES ET MONTS
CITÉS DANS LES LEÇONS D'HISTOIRE ROMAINE.

NOTA. Les numéros renvoient aux questions et non aux pages. Le nom moderne est entre parenthèse et en caractère romain.

Arno, fleuve de l'Étrurie, 3, 402.

Arpinum, ville du Latium, 337.

Arras, en latin *Atrebates*, ville de la Gaule Transalpine, 414.

Arrétie (Arrezzo), ville d'Étrurie, 285.

Arsanias, fleuve d'Asie qui se jette dans l'Euphrate, 391.

Artaxate, ville d'Asie dans l'Arménie, 391.

Arvernes (Auvergnats), peuple de la Gaule, 332.

Asie-Mineure (Anatolie), presqu'île bornée au nord par le Pont-Euxin, à l'ouest par l'Archipel, au sud par la mer Intérieure, 279, 318.

Assyriens, habitans de l'Assyrie, contrée d'Asie sur la rive droite du Tigre, 20.

Astures, peuple du nord de l'Espagne, 315, 456.

Athènes, ville de l'Attique en Grèce, 20, 236, 361, 608.

Aurunces les mêmes que les Osques.

Ausones, les mêmes que les Osques.

Autun, en latin *Augustodunum*, l'ancienne *Bibracte*, ville de la Gaule Transalpine.

Aventin (*Mont*), montagne de Rome, 17, 82, 83, 95, 114, 331.

Avignon, en latin *Avenio*, ville de la Gaule Transalpine, 332.

Bagrada, fleuve d'Afrique qui se jette dans la Méditerranée, 223.

Baies, ville d'Italie dans la Campanie, 531.

Baléares, îles de la Méditerranée, 332.

Bataves (Hollandais), 507, 604.

Beauvais, en latin *Bellovaci*, ville de la Gaule Transalpine, 410.

Bédriac, ville de la Gaule Cisalpine, entre Crémone et Mantoue, 501.

Belges, habitans de la Gaule Transalpine au N., 405.

Bénévent, ville d'Italie sur la frontière du pays des Samnites et des Hirpins, 206, 214.

Bithynie, contrée de l'Asie-Mineure au nord-ouest, 283, 358, 385.

Boïens, peuple gaulois habitant l'Italie septentrionale au sud du Pô, 277, 285.

Bologne, en latin *Bononia*, ville de la Gaule Cisalpine, 285, 443.

Bosphore de Thrace (détroit de Constantinople), 624.

Bosphore, royaume dont les limites ont beaucoup varié et dont une partie était sur les bords du Bosphore Cimmérien (détroit de Caffa), 396.

Bourguignons, en latin *Burgundiones*, peuple qui habitait la Germanie septentrionale, 601.

Bretagne (Grande-Bretagne, Angleterre et Écosse), grande île au nord-ouest de la Gaule, 412, 494, 508, 551, 604.

Brindes, ville de l'Italie, dans le Messapie, 364, 426, 449.

Brutium, province de l'Italie, au midi, 211, 215, 258.

Byzance, ville de la Thrace, 548, 589, 624.

Calédoniens (Écossais), 609.

Campanie (Terre de Labour), contrée de l'Italie, au sud du Latium, 71, 378.

Cannes, village de l'Apulie, 250.

Cantabres, peuple du nord de l'Espagne, 315, 456.

Cappadoce, contrée de l'Asie-Mineure, au centre, 296, 354, 394.

Capitolin, montagne de Rome, 114.

Capoue, ville de la Campanie, 196, 251, 257.

Caprée, île de la mer Intérieure, au sud de Naples, 478.

Carie, contrée de l'Asie-Mineure, au sud, 299.

Carnutes, peuple gaulois entre la Seine et la Loire, 406.

Carthage, ville d'Afrique, 212, 213, 214, 306, 330, 345, 608.

Carthagène, ville d'Espagne, 239, 262.

Cattes, peuple de la Germanie au sud des Chérusques, vers les sources du Wéser, 514.

I

Lucérie, ville de l'Italie, dans l'Apulie (la Pouille), 201.
Lucques, ville de l'Etrurie septentrionale, 411.
Lusitanie (Portugal et partie de l'Espagne), 312, 373.
Lutèce (Paris), ville de la Gaule, 633.
Lycie, contrée de l'Asie-Mineure, au sud, 494.
Lydie, contrée de l'Asie-Mineure à l'ouest, 91, 299.
Lyon, en latin *Lugdunum*, ville de la Gaule, 548, 630, 651.
Macédoine, contrée de l'Europe, au nord de la Grèce, 238, 275, 298, 300.
Magnésie, ville grecque, en Carie, 282.
Mamertium, ville d'Italie dans le Brutium, 210.
Marcomans, peuple de la Germanie, vers les sources de l'Elbe, 537, 581.
Marseille, ville grecque, dans la Gaule, 260, 332.
Marses, peuple habitant l'Apennin, près du lac Fucin (Celano), 10, 351.
Maures, habitans de la Mauritanie, 601.
Mauritanie, contrée d'Afrique à l'ouest de la Numidie, 336, 494.
Mégalopolis, ville de l'Arcadie, dans le Péloponèse, 345.
Mésopotamie, contrée de l'Asie, entre le Tigre et l'Euphrate, 521.
Métaure, rivière de l'Ombrie, 258.
Messine, ville de la Sicile, 210, 215, 216.
Milan, en latin *Mediolanum*, ville de la Gaule Cisalpine, 583, 655.
Minturnes, ville du Latium, près de l'embouchure du Liris, 246, 358.
Mitylène, île de la mer Égée, 426.
Misène, ville de la Campanie, 481.
Modène, en latin *Mutina*, ville de l'Italie dans la Gaule Cisalpine, 442.
Mœsie (Bulgarie et Servie), contrée de l'Europe au sud du Danube, 584.
Morins, peuple gaulois (départ. du Pas-de-Calais), 406.
Munda, ville d'Espagne, dans la Bétique, 434.

Mursa, ville de Pannonie, 630.

Myles, ville de Sicile, 217.

Narbonne, ville de la Gaule, 332.

Naziance, petite ville de Cappadoce, 659.

Nicée, ville de Bithynie, 621.

Nicomédie, ville de Bithynie, 610, 627.

Nîmes, en latin *Nemausus*, ville de la Gaule Transalpine, 527, 532.

Nisibis, ville de l'Asie, dans la Mésopotamie, 392.

Nissa, ville de la Mœsie, 584.

Nole, ville de la Campanie, 253, 471.

Norique, contrée d'Europe, séparée de la Germanie par le Danube, 341.

Numance, ville d'Espagne, dans la Tarraconaise, 313, 314, 315, 345.

Numidie, contrée de l'Afrique (territoire d'Alger), 263, 296, 339.

Ombrie, contrée de l'Étrurie, entre le Picénum et le pays des Sabins, 5, 586.

Ombriens, peuple gaulois habitant l'Ombrie, 4, 5.

Opiques, les mêmes que les Osques.

Orange, en latin *Arausio*, ville de la Gaule Transalpine, près d'Avignon, 341.

Orchomène, ville de la Grèce, en Béotie, 364.

Osques, habitans primitifs du centre de l'Italie, 9.

Ostie, port à l'embouchure du Tibre, sur la Méditerranée, 84.

Palatin (*Mont*), montagne de Rome, 17, 95, 114.

Palmyre, ville de Syrie, 582, 587, 588.

Pannonie, contrée de l'Europe entre le Danube et la Save, 575.

Panorme (Palerme), ville de Sicile, 225.

Paphlagonie, contrée de l'Asie-Mineure, au nord, 354.

Parthes, peuple de la Haute-Asie, 389, 417, 456, 521.

Pélasges, habitans primitifs de la Grèce et de l'Italie, 2.

FIN DE LA TABLE GÉOGRAPHIQUE.